투 유
당신의 방향

이 저서는 2018년 대한민국 교육부와 한국연구재단의 지원을 받아 수행된 연구임
(NRF-2018S1A6A3A03043497)

HE014
bility
manities
agement

투 유 To you
당신의 방향

모빌리티 권리와 공동체 윤리

아르코미술관 · 건국대학교 모빌리티인문학연구원 기획

김미정   김현경   안진국   박이선   김재민이 지음

앨피

모빌리티인문학 Mobility Humanities

모빌리티인문학은 기차, 자동차, 비행기, 인터넷, 모바일 기기 등 모빌리티 테크놀로지의 발전에 따른 인간, 사물, 관계의 실재적·가상적 이동을 인간과 테크놀로지의 공-진화co-evolution라는 관점에서 사유하고, 모빌리티가 고도화됨에 따라 발생하는 현재와 미래의 문제들에 대한 해법을 인문학적 관점에서 제안함으로써 생명, 사유, 문화가 생동하는 인문-모빌리티 사회 형성에 기여하는 학문이다.

모빌리티는 기차, 자동차, 비행기, 인터넷, 모바일 기기 같은 모빌리티 테크놀로지에 기초한 사람, 사물, 정보의 이동과 이를 가능하게 하는 테크놀로지를 의미한다. 그리고 이에 수반하는 것으로서 공간(도시) 구성과 인구 배치의 변화, 노동과 자본의 변형, 권력 또는 통치성의 변용 등을 통칭하는 사회적 관계의 이동까지도 포함한다.

오늘날 모빌리티 테크놀로지는 인간, 사물, 관계의 이동에 시간적·공간적 제약을 거의 남겨 두지 않을 정도로 발전해 왔다. 개별 국가와 지역을 연결하는 항공로와 무선 통신망의 구축은 사람, 물류, 데이터의 무제약적 이동 가능성을 증명하는 물질적 지표들이다. 특히 전 세계에 무료 인터넷을 보급하겠다는 구글Google의 프로젝트 룬Project Loon이 현실화되고 우주 유영과 화성 식민지 건설이 본격화될 경우 모빌리티는 지구라는 행성의 경계까지도 초월하게 될 것이다. 이 점에서 오늘날은 모빌리티 테크놀로지가 인간의 삶을 위한 단순한 조건이나 수단이 아닌 인간의 또 다른 본성이 된 시대, 즉 고-모빌리티high-mobilities 시대라고 말할 수 있다. 말하자면, 인간과 테크놀로지의 상호보완적·상호구성적 공-진화가 고도화된 시대인 것이다.

고-모빌리티 시대를 사유하기 위해서는 우선 과거 '영토'와 '정주' 중심 사유의 극복이 필요하다. 지난 시기 글로컬화, 탈중심화, 혼종화, 탈영토화, 액체화에 대한 주장은 글로벌과 로컬, 중심과 주변, 동질성과 이질성, 질서와 혼돈 같은 이분법에 기초한 영토주의 또는 정주주의 패러다임을 극복하려는 중요한 시도였다. 하지만 그 역시 모빌리티 테크놀로지의 의의를 적극적으로 사유하지 못했다는 점에서, 그와 동시에 모빌리티 테크놀로지를 단순한 수단으로 간주했다는 점에서 고-모빌리티 시대를 사유하는 데 한계를 지니고 있었다. 말하자면, 글로컬화, 탈중심화, 혼종화, 탈영토화, 액체화를 추동하는 실재적·물질적 행위자agency로서의 모빌리티 테크놀로지를 인문학적 사유의 대상으로서 충분히 고려하지 못했던 것이다. 게다가 첨단 웨어러블 기기에 의한 인간의 능력 향상과 인간과 기계의 경계 소멸을 추구하는 포스트-휴먼 프로젝트, 또한 사물 인터넷과 사이버 물리 시스템 같은 첨단 모빌리티 테크놀로지에 기초한 스마트 도시 건설은 오늘날 모빌리티 테크놀로지를 인간과 사회, 심지어는 자연의 본질적 요소로 만들고 있다. 이를 사유하기 위해서는 인문학 패러다임의 근본적 전환이 필요하다.

이에 건국대학교 모빌리티인문학 연구원은 '모빌리티' 개념으로 '영토'와 '정주'를 대체하는 동시에, 인간과 모빌리티 테크놀로지의 공-진화라는 관점에서 미래 세계를 설계할 사유 패러다임을 정립하려고 한다.

| 차례 |

이동 제한이 쏘아올린 신호탄
《투 유: 당신의 방향》*

| 김미정 |

매일 오전 11시 30분, 내가 있는 지역의 확진자가 몇 명인지를 알리는 문자가 도착한다. 아르코미술관에서 진행한《투 유: 당신의 방향》 (2022년 2월 24일~4월 24일) 전시는 한창 코로나가 기세를 부리던 때 시작되어 거리두기가 해제되던 때 끝났다. 이 글을 고쳐 쓰고 있는 지금, 매일 11시 30분에 도착하는 알림은 그저 심드렁한 일상의 한 부분이 되었다. 그 바이러스에 걸리지 않은 게 이상할 정도로 확진자가 도처에 산재해 있고, 주변에 감염자가 없다면 친구가 없는 사람이라며 질병을 농할 때가 있었는데 말이다.

하지만 그 어느 때보다 불안이 곳곳에 번지는 시대이고, 그럼에도 인간은 빠르게 변화에 적응한다. 팬데믹 후의 2년은 전환된 환경에 적응하기에 꽤 충분한 시간이었다. 오늘은 확진자가 몇 명인지 더 이

---

* 이 글은 아르코미술관의《투 유: 당신의 방향》웹 도록의 서문 일부를 수정한 것이다.

상 검색하지 않게 되었고, 마스크 없는 얼굴이 어색해졌으며, 화상회의에서 서로 얼굴을 확인하며 업무를 진행하는 데 금세 익숙해졌다. 뉴노멀New Normal에서 '뉴'는 사라지고 '노멀'만 남았다.

거리두기가 거의 완화되어 비교적 자유롭게 외부 활동을 할 수 있는 지금, 우리는 코로나 전과 같은 삶을 조금씩 기대하고 있다. 그런데 도래하는 희망 속에서 마스크를 벗고 자유로이 돌아다닐 수 있게 된다면—그렇다면 질병이 남긴 문제들도 완전히 사라지는 것일까? 앞서 2년이라는 시간이 적응하는 데 충분했다고 말했지만, 그 일상의 반복 속에서도 낯설었던 장면들을 기억한다. 《투 유: 당신의 방향》은 그 장면들의 마찰을 인지한 순간에서 시작한다.

• • •

《투 유: 당신의 방향》 전시 기획은 2021년 '인사미술공간'(이하 인미공)에서 진행한 프로젝트 《월간 인미공》 9월호에서 비롯되었다.[1] 기획 프로그램이 부재했던 인미공을 활성화하는 동시에, 팬데믹 이후 가시화된 문제들을 들여다보기 위해 시도한 프로젝트의 마지막(9월호) 주제는 '이동하는 세계: 단축과 연장'이었다. 이 주제를 선정한 것은 코로나로 인한 이동 제한, 그리고 그와 함께 대두되는 '모빌리티 mobility'라는 단어에 대한 의문점 때문이었다. 팬데믹으로 인해 '합법

---

1 《월간 인미공: 이동하는 세계: 단축과 연장》, 2021년 9월, 아르코미술관 · 인미공. https://c11.kr/ujlu

적으로' 자유로운 이동이 제한되면서 자연스레 안전하고, 빠르고, 효율적인 '모빌리티'가 유행처럼 번져 갔다. 많은 매체들이 2022년의 주요 키워드를 예측하며 모빌리티를 우선으로 뽑았다. 이름만 대면 알 만한 여러 기업들이 새로운 모빌리티 시스템을 내세웠고 친환경 모빌리티, 공유 모빌리티, 수소 모빌리티 등의 단어가 자주 등장했다. 모빌리티는 이동의 불안에서 벗어날 수 있는 방안이자 자본 구조의 새로운 구심점이 될 것처럼 보였다.

모빌리티는 교통수단과 비슷한 의미인 듯 보이지만, 실상 이 단어는 많은 층위를 보유한다. 팀 크레스웰Tim Cresswell은 모빌리티에는 전치displacement, 즉 위치 사이를 이동하는 행위가 포함되어 있다고 설명한다. 이동movement이 역사나 이념이 결여된 움직임이라면, 모빌리티mobility는 우리가 경험하는 장소의 역동적 등가물이라는 것이다. 그래서 모빌리티는 인간의 세계 경험에서 핵심이자 환원 불가능한 구체적인 경험이다.[2] 결국 개인 혹은 사회적으로 의미를 가진 이동은 모빌리티로 전환된다. 그렇다면 모빌리티는 더 이상 교통수단 혹은 매개로서만 이해되어서는 안 된다. 또한 동시에 이동으로 역사를 형성하는 모든 존재들이 이를 제한당할 때 야기되는 문제들을 충분히 인지해야 한다. 모두에게 무한한 자유인 줄 알았던 이동이 제한되기 시작하면서 각종 문제들이 모습을 드러냈기 때문이다. 미미 셸러Mimi

---

2 팀 크레스웰, 《온 더 무브》, 최영석 옮김, 앨피, 2021, 18~20쪽.

Sheller의 말처럼 동등한 이동은 어쩌면 존재하지 않았을지도 모른다.[3] 소유한 자본과 시간에 따라 나와 당신의 이동 수단에는 차이가 있다. 이동 수단은 우리로 하여금 '돈은 거짓말을 하지 않는다'는 말을 실감하게 한다. 택시와 버스, 비즈니스석과 이코노미석, S석과 A석 등, 시스템은 추가 금액에 따라 효율과 시간을 제공할 준비가 되어 있다.

• • •

이동과 삶이 얽힌 범위가 상당히 폭넓다 보니 전시 주제의 키워드가 압축될 수밖에 없었지만, 그럼에도 놓쳐서는 안 되는 것들 또한 분명히 있다. 이동의 문제는 지역, 노동, 소비와 사회적 소수자 문제부터 온라인 플랫폼으로까지 이어지기 때문이다. 국내외는 물론 근교로 이동할 기회가 줄어들거나 억제되면서 각종 경제활동이 위축되는 상황에도 한편에서는 면세품을 소비할 수 있는 무착륙 관광 비행이 인기를 끌었다. 내비게이션이 없으면 길을 잃고, 인공지능을 기반으로 한 배달 시스템이 신선식품의 새벽 배송을 가능케 하며, 식당에서는 사람이 아닌 로봇이 서빙하는 음식을 받을 수 있다. 개발 논리로 인해 생산의 주체인 농장, 공장 등이 혐오 시설이 되어 외곽으로 밀려나는 한편, 지역 소멸이 급박한 문제가 되면서 각 지역의 공무원들은 이

---

3 모빌리티는 항상 우발적이고, 갈등적이고 수행적이다. 모빌리티는 결코 자유롭지 않다. 다양한 방법으로 항상 연결, 추적, 통제, 지배되며 감시와 불평등 아래 놓인다. 미미 셸러, 《모빌리티 정의》, 최영석 옮김, 앨피, 2019, 53쪽.

그림 1 2022년 3월 혜화역 풍경 | 사진: 김미정

를 상쇄할 수 있는 대책을 마련하기에 급급하다. 그들은 단시간에 각 지역을 오갈 수 있는 방안 마련이 시급하다며 스마트 모빌리티 시스템을 구축하겠다고 나섰다. 그리고 지하철에서는 장애인들의 이동권 시위가 계속된다.

《투 유: 당신의 방향》에 참여한 작가 8명(팀)은 이러한 충돌들에 깊이 공감하고 이를 작품 제작 과정에 반영했다. 김익현 작가는 KT 통신망이 마비되었던 두 날을 중심으로 광케이블을 타고 이동해 우리 눈앞에 빛으로 나타나는 사진들을 말한다. 이 사진들은 과거나 미래를 공지하거나 이동의 순간을 알린다. 하지만 작가는 밝게 빛나는 사진 대신, 그 뒤의 그림자를 보는 것을 택한다. 김재민이 작가는 우리 삶에서 꼭 필요한 것들을 생산하는 공장과 농장이 계속해서 도시 외곽으로 '쫓겨나는' 이유를 냄새에서 찾았다. 악취는 청결한 신도시에 진입할 수 없기 때문이다. 이처럼 보이지 않지만 빠른 속도로 흘러가 혐오를 자아내는 냄새의 경계를 통해 삶이 분리되고 이동할 수밖에 없는 존재들을 논한다. 안무가 송주원의 〈마후라〉(2021)는 과거 아시아 최대 중고차 시장으로 명성을 날렸던 장안평의 오늘을 담는다. 가장 대표적인 모빌리티이자 시대의 변화에 맞물려 빠르게 바뀌어야 하는 자동차와 재개발을 목전에 둔 쇠퇴한 장안평의 풍경을 겹침으로써 도시를 구성하는 요소들이 밀려들고 밀려나는 관계를 고찰한다. 오주영 작가의 〈구름의 영역〉(2021)은 발전하는 모빌리티 기술과 다른 생물의 공생에 따르는 문제들을 게임 형식으로 유쾌하게 질문한다. 닷페이스는 이미 잘 알려진 〈우리는 어디서든 길을 열지〉(2021)

그림 2 아르코미술관 《투 유: 당신의 방향》 전시 전경 | 사진: 홍철기, 아르코미술관 제공

를 통해 다양한 소수자들을 인정하고, 그들이 자신의 목소리를 낼 수 있는 통로를 개방했다.

그래픽 디자이너 송예환은 오프라인 활동이 제한되면서 그 대안으로 활용되는 온라인 공간에서의 이동이 과연 자유로운지를 논의한 바 있다. 우리의 마우스 커서가 멈춘 시간과 좌표까지 계산하여 광고를 송출하는 각종 플랫폼들이 도리어 우리의 방향을 이끌고 있다. 이에 대해 송예환은 다양한 주체가 이용하는 이 세계의 '불편한' 웹사이트를 인정해야 한다고 주장한다.

한편 팬데믹으로 급격히 증가한 플랫폼 노동과 그 소비의 형태에 대해 유아연 작가는 배달 서비스 업체의 서빙 로봇과 관객에게 쥐어진 진동벨의 관계를 통해 노동의 주체가 삭제된 채 서비스의 결과물만 수령하는 과정을 불편하게 드러낸다. 정유진 작가는 항공사와 면세점이 개발한 '무착륙 비행'에 착안해 롤러코스터 형태의 설치를 제작하였다. '플라이트레이더24Flightradar24'라는 앱App에 포착된 무착륙 비행기의 노선과 롤러코스터는 찰나의 소비와 즐거움을 위해 돌고 돌아 결국 원점에 다다른다. 발이 다시 땅에 닿은 뒤 우리는 마치 아무 일도 없었다는 듯 또 다른 소비의 방향을 찾아 나설 것이다.

• • •

《투 유: 당신의 방향》 전시를 구성하면서 작품 외에 가장 고심했던 부분은 실질적으로 이동이 어려운 이들의 이야기를 전시장에서 어떻게 풀 것인가였다. 게다가 미술관과 가까운 혜화역은 장애인 이동

그림 3 협동조합 무의 제작 '휠체어 타고 아르코미술관 관람하기'

권 시위와 긴밀하게 연결된 장소인데,[4] 어떤 작품을 가져오더라도 이 문제에 접근하는 것이 쉽지 않아 보였다. 결국 작품이 아닌 전시 기획 차원에서 어떻게 대응하고 실천할 것인지를 고민해야 했다. 이에 '협동조합 무의'와의 협력을 통해 이동 약자를 위한 아르코미술관 이용 매뉴얼을 제작했다. 그리고 미술관 직원들과 함께 휠체어를 타고 미술관을 돌아다니며 달라진 이동의 감각을 체감하고 미술관의 무엇이 달라져야 하는지 의견을 나누었다. 이동은 '정상' 범주 내 인간만의 문제가 아니므로 그 안팎에 존재하는 이들, 즉 사회적 소수자 · 비

---

4 혜화역 2번 출구 앞에는 '장애인 이동권 요구 현장-1999.6.28 혜화역 휠체어 추락사고 이후, 여기서 이동권을 외치다'라는 문구가 새겨진 동판이 있다. 법원은 이 사고와 관련된 소송에서 서울지하철공사에게 500만 원을 배상하라는 판결을 내렸고, 이후 혜화역에는 엘리베이터가 생겼다.

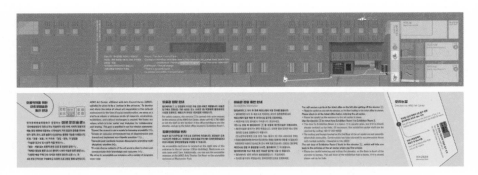

그림 4 협동조합 무의 제작 '이동 약자를 위한 아르코미술관 이용 매뉴얼'

인간 동물 등의 상황 또한 호명해야 했다. 이에 작가이자 기획자로 활동하며 인간과 비인간의 관계 및 새로운 가능성에 대해 연구하고 연대하는 김화용을 초청했다. 그의 퍼포먼스〈집에 살던 새들은 어디로 갔을까〉를 전시장 구석구석에 개입시켜, 전시가 미처 닿지 못한 장애인과 비인간 동물이 처한 고립, 착취, 소비의 구조와 현실을 들여다볼 수 있었다.

또한 이동이라는 주제의 연구적 측면과 시의성 및 그 의미를 확장하기 위해 건국대 모빌리티인문학연구원과 협력하여 '모빌리티 권리와 공동체 윤리'를 주제로 학술대회를 기획하고, 그 결과물로 이 책을 발간하게 되었다. 여기에는 시각예술 작가를 비롯하여 다양한 분야 연구자들의 글이 담겨 있다.

먼저 김현경(한국관광문화연구원)의 〈모두에게 이동의 자유를 허하라!: 장애인 접근성 유형을 통해 이해해 보는 이동성과 그 의미〉는 이동성과 배제의 관계, 그리고 접근성에 대한 논의를 전개한다. 여기에는 물리적 접근성, 감각적 접근성, 지적 접근성, 정보 접근성, 경제적 접근성, 정서적/태도적 접근성, 문화적 접근성 등이 포함된다. 김현경은 각각의 사례와 내용을 살펴보고, 접근성의 중요성에 대한 인식과 그에 따른 변화가 세계를 살아가는 데 중요한 위치를 차지하고 있음을 역설한다.

　미술평론가 안진국은 고-이동사회로 변한 현대사회에서 모빌리티의 사회과학적 의미와 자본화된 모빌리티의 형성 과정을 살피고,《투유: 당신의 방향》을 통해 시각예술에서 이를 어떻게 드러내는지 확인한다. 이를 위해 과거부터 존재했던 이동성이 '모빌리티'로 재정의되는 과정에서 사용되는 '전회turn' 개념의 의미를 고찰하고, '물질적 전회'와의 관계성을 탐구한다. 그리고 모빌리티의 특성과 불평등한 모빌리티가《투유: 당신의 방향》에서 어떻게 반영되는지를 살핀다.

　게임 연구자 박이선은 가상공간과 현실 사이에 존재하는 이동의 문제를 다룬다. 흔히 가상공간이라고 하면 디지털 게임 그리고 전자기기를 통해 사람 간 원격 교류가 이루어지는 공간, 또는 추상화된 텍스트와 이미지들로 구성되는 공간을 떠올린다. 그러나 게임은 반드시 물리적인 조건이 필요하다. PC, 모바일, 콘솔, VR 기기와 같은 기계가 명확하게 물리적 속성을 갖고 있기 때문이다. 그렇다면 게임이 펼쳐지는 가상공간과 현실 공간은 단단하게 얽혀 있을 수밖에 없다. 그동안 현실 공간과 가상공간의 논의에서 이동 경로에 대한 논의가 거의 없었으나, 박이선은 그 사이에 무수한 장벽이 있다는 사실을 알린다.

전시 참여 작가이기도 한 김재민이는 도시가 확장되면서 후퇴하거나 퇴장하는 일명 '혐오 시설'들의 이동 기록을 탐구한다. 이들의 이동은 모두 한국의 신도시 개발 역사와 맞물려 있다. 작가는 용산·나주·김해 등 대형 신도시들의 개발에 따라 사라지거나 밀려난 공장과 농장, 그리고 거기에 있던 사람과 비인간 동물들의 사건들을 찾고, 이를 따라간다. 악취와 소음을 발생시킴으로써 '반드시' 청량해야 할 신도시에 해가 되는 존재였던 그들이 어떻게 기록되고 또 삭제되었는지를 신문, 인터뷰, 지역 리서치를 통해 수집한 자료들로 증명한다.

이렇게 각 분야의 필자 4명은 가상공간, 시각예술, 접근성, 지역과 개발 등 다양한 관점에서 이동을 다루며 전시에 언급된 작품 및 프로젝트들과 연결점을 형성한다.

● ● ●

서울의 지하철에서는 얼마 전까지만 해도 "불필요한 이동을 자제해달라"는 안내방송이 나왔다. 방송을 들을 때마다 '불필요한 이동'이 과연 무엇인지를 생각했다. 이유 없는 이동이 있을까? 공공장소에 울리는, 사적 자유를 통제하는 언어를 들으며 또 이상을 감지한다. 어느덧 거리두기의 의미도 퇴색되고, 밖에서는 마스크를 벗고 다닐 수 있으며 해외여행도 가능해졌다. 그러나 더 큰 재앙이 일상을 천천히 잠식하고 있다. 전쟁으로 인한 물가 상승, 기후위기, 갈등과 양극화 문제는 아주 느린 속도로 노멀을 다시 와해시킨다. 이제 지구라는 행성을 넘어 우주로까지 손을 뻗는 자본주의의 궤도 안에서, 이동의 가능성과 부동성의 문제는 점점 더 확장될 것이다.

글을 마무리하기 전, 김재민이 작가의 〈돼지똥과 아파트〉(2022) 중에서 인상적인 장면을 언급하고자 한다. 한 신도시 근처에서 악취를 뿜어내는 농장이 사라지자 주민으로 추정되는 인물이 "축제가 시작되었다"고 말한다. 그리고 작품의 내레이션을 맡은 화자도 자신의 축제도 곧 시작될 것이라고 말하며 끝맺는다. 이들이 말하는 '축제'는 결국 그들 자신을 불편하게 하는 누군가가 제거되거나 사라져야 비로소 시작되는 것이다. 이렇게 서로를 밀어내고 밀려나는 충돌이 반복되는 오늘날 이동의 문제는 계급, 환경, 사회와 치밀하게 얽히고설켜 이질적인 풍경을 만들어 낸다.

그런 점에서 《투 유: 당신의 방향》 전시는 끝났지만, 참여한 8명(팀)의 작가와 협동조합 무의, 김화용 작가 등이 전하는 메시지는 이 불안

그림 5 김재민이, 〈돼지똥과 아파트〉(2022) 스틸 컷 | 사진: 김재민이

한 이동의 사회에서 여전히 유의미하다. 이 전시가, 그리고 이 책이 잔잔하다고 생각했던 이 세계에 실은 미세한 진동들이 가득하다는 사실을 인지할 작은 기회가 되길 바란다.

참고문헌

팀 크레스웰,《온 더 무브》, 최영석 옮김, 앨피, 2021.
미미 셸러,《모빌리티 정의》, 최영석 옮김, 앨피, 2019.

모두에게 이동의 자유를 허하라!

장애인 접근성 유형을 통해 이해해 보는 이동성과 그 의미

| 김현경 |

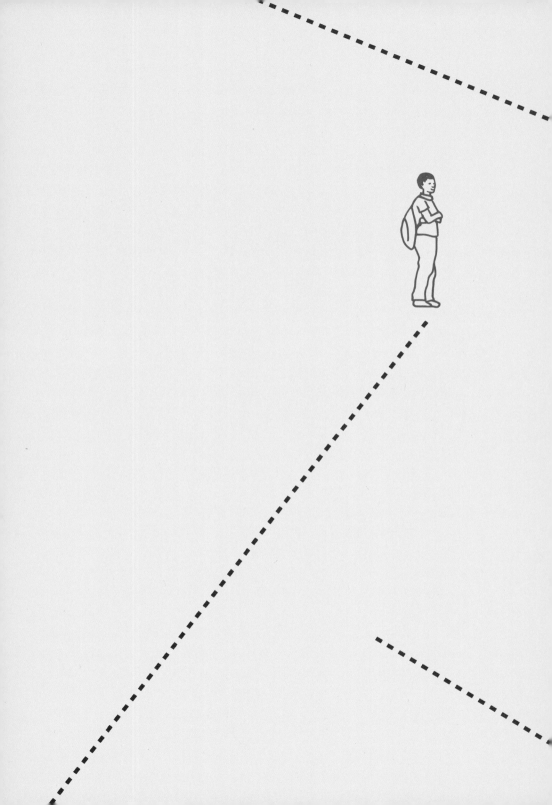

누구나 한 번쯤은 몸의 일부분을 다쳐 이동하는 데 어려움을 느낀 경험을 갖고 있을 것이다. 큰 부상이 아니더라도, 친구들과 신나게 농구를 하거나 오랜만에 등산을 다녀올 때 크게 신경 쓰고 살지 않았던 신체의 움직임이 불편하게 느껴질 때가 있다. 혹은 가볍거나 무거운 사고로 인하여 신체를 자유롭게 사용하지 못하게 되면 우리는 깨닫는다, 이 세상이 참으로 나에게 불친절하다는 것을. 특히 다리를 심하게 다쳤을 때 나의 이동을 결정하는 것은 나 자신이지만, 이를 수행하는 것은 내가 아니다. 즉, 내가 아닌 누군가, 혹은 무언인가에 의지하여 이동할 수밖에 없다. 이러한 경우라면 불친절한 세상에 대한 원망이 더욱 커질 수도 있다. 나의 의지의 무용함, 누군가에게 의지할 수밖에 없다는 무력감은 개인의 문제라고 해도, 내가 배려 받지 못하고 있다는 생각이 들 수 있다. 남들보다 천천히 이동할 수밖에 없는 나를, 남들은 쉽게 올라가는 층계와 쉽게 뛰어넘는 장벽을 넘어야 하는 나에게 있어 모든 순간이 극복해야 하는 숙제라면 나의 움직임은 움츠러들 수밖에 없다. 그래서 내가 천천히 이동할 수밖에 없게 된다면 나의 느림을 이해해 주길, 내가 층계를 오르지 못하여 낮은 곳에서 높은 장소로 이동할 수 없다면 그 이동이 가능하게 해 주길, 내 이동을 방해하는 장벽이 앞을 가린다면 그것을 누가 대신 치워 주기를 바라게 된다. 하지만 이와 같은 '불편한' 개인의 바람이 사회 공동체 내에서 수용되는 것은 어려운 일이다. 소수의 불편함을 위하여 다수의 이해를 구하기는 쉽지 않기 때문이다.

최근 사회적으로 큰 이슈가 된 장애인 단체의 아침 출근길 시위에서 그들이 외치는 목소리는 '이동의 자유'에 대한 것이었다. 다수의 언론과 온라인 포털사이트에서 재생산된 이미지는 불편한 출근길 시민을 볼모로 삼는 '이기적인' '소수의' 장애인이었지만, 실상 그들의 목소리는 누구나 갖기를 원하는 '이동의 자유' 그 이상 이하도 아니었다. 물론 그들이 자신의 외침을 관철시키는 방식에 사람들이 불편을 느낀 것은 사실이다. 지하철은 현대사회를 살아가는 직장인들에게는 이동을 위해 필요한 주요 교통수단이다. 아이러니하게도 인간의 이동을 담당하는 신체기관으로서의 '다리'를 '지하철'에 빗대어 보면, 다리를 쓸 수 없어 이동이 어려운 장애인들과 아침 출근 시간에 맞춰 반드시 지하철을 타야 하는 사람들은 같은 상황에 놓여 있다고 볼 수 있다. 하지만, 사람들은 말한다. 장애인들이 자신들만의 '불편함'을 해소하려고 일반 시민들의 일상을 볼모로 잡고 있다고….[1]

이동의 자유가 이동의 불편함이 없는 사람들에게만 보장된 것이 아님에도 불구하고, 우리 사회는 이동이 불편하지 않은 사람들을 위

---

1 이해인, 〈장애인 지하철 시위에…'권리다' '민폐다'〉, 《조선일보》, 2022년 3월 29일자.

한 이동권의 세계로 구성되어 있고, 따라서 내가 불편을 겪어 보지 않고서는 이를 일상에서 인지하기란 쉽지 않다. 아마도 그런 차원에서 사람들은 깨닫지 못했던 것 같다. 내가 지금 겪고 있는 이동의 불편함을 그들은 매 순간 겪고 있다는 것을. 지하철이 멈추어 출근길에 이동할 수 있는 능력을 박탈당한 자들은 분노했다. 그리고 시민의 출근길을 막는 세상, 아니 그들을 막는 장애인들을 비난하며 사회에서 당연히 배제시켜야 한다고 주장하는 댓글이 인터넷 기사에 연이어 올라왔다. 우리는 이 시점에서 생각해 봐야 한다. 그들의 분노는 이동의 권리를 주장하는 장애인들이 매일 아침 지하철 시위를 할 수밖에 없게 된, 장애인들이 매 순간 겪는 사회에 대한 분노와 어떻게 다른가? 왜 다른가?

이동의 자유가 어떠한 이유에서건 억압될 때 우리는 불편함을 느끼며, 더 나아가 분노를 느끼고 이를 해소하고 싶어 한다는 것을 우리는 최근의 이 사건으로 다시 한 번 명확하게 알게 되었다. 이동의 자유가 우리에게 주는 것은 무엇이며, 이동의 자유를 확보하기 위해 사회에서 제공해야 하는 것들이 무엇인지 좀 더 꼼꼼히 들여다볼 필요가 있는 이유가 여기에 있다.

코로나19로 인한 이동 제한과
'이동성'에 대한 새로운 관점

코로나19로 인하여 우리는 한 번도 경험해 보지 못한 세상을 경험하였다. 전 지구적 재난에 맞서 대표적으로 모든 사람이 이동의 제한을 겪으면서 초기에는 국가 간 이동이 어려워졌고, 이후에는 국내 지역 간 이동이 막혔다. 전염병에 노출되었을 때는 심지어 일상생활의 모든 활동에서 배제된 채 집 안에서, 또는 집 안에서도 방 안에 갇히는 경험을 하였다. 이러한 상황에서 사람들이 심각한 우울감을 겪고 있다는 점은 이미 많이 알려진 사실이다.[2]

이동이 제한됨에 따라 우리의 일상생활은 마비되었다. 개인의 삶이 정지되었을 뿐 아니라, 이동을 통해 이루어지는 모든 교류 활동이 차단되었다. 이동 제한은 단순히 개인의 삶에만 한계를 주는 것이 아닌 사회 전체 움직임을 멈추게 한다는 것을 몸소 깨닫게 되었다. 즉, 우리가 사는 세상은 다양한 이동성을 전제로 만들어진 사회이며 이동이라는 행위가 사회 전반에 미치는 영향이 매우 크다는 사실을 더욱 명확하게 알게 되었다.

과거 '이동'은 장소와 장소 간의 물리적 거리를 극복할 수 있는 행위로 여겨졌으며, 한 번 행위하고 난 뒤에는 사라져 버리는 소비되는 개

---

2 이지혜, 〈36.87% '코로나 블루' 호소···OECD 중 한국이 최다〉, 《한겨레》, 2021년 5월 18일자.

넘으로 알려져 있었다.[3] 그러나 최근에는 이러한 소극적인 개념을 넘어서 '이동'이라는 행위의 다층적 의미에 대한 관심이 높아지고 있다.

공간 사이를 연결하는 행위로서의 이동은 사회의 다양한 관계를 만들어 내기도 한다. 생각해 보자. 목적을 위해 이동을 하지만 혼자 이동할 때와 무리를 지어 이동할 때, 또는 목적지의 성격에 따라, 목적지로 이동하는 과정에 따라 우리는 각기 다른 이동을 경험한다. 이동 방식(교통수단 등)도 다르고 이동의 성격도 달라진다. 앞서도 말한 바와 같이 이동 제한 상황에서 느끼는 우울감은 단순히 내가 이동하지 못한다는 무력감에서만 비롯되는 것이 아니다. 이동하지 못함으로써 사회적으로 고립되고, 이러한 고립이 우울감으로 연결되고 있음을 많은 조사와 통계가 증명하고 있다.[4] 즉, 이동은 사회적 관계 및 활동을 전제하고 이뤄지는 행위이며, 현대사회의 도시적 삶을 사는 우리에게 이동은 사회활동의 기본 값으로 작용한다. 가장 가까운 예로 우리가 이동하는 데 어려움을 겪는 사람들을 '사회적 약자'로 배려하고 있는 이유는 이동이 주는 사회활동의 효과가 반영된 결과이다. 이동이 어려운 사람들에게는 사회적인 활동이 제약되기 때문에 이동의 권리를 사회에서 보장하는 것이다.

---

3 윤신희 · 노시학, 〈새로운 모빌리티스New Mobilities 개념에 관한 이론적 고찰〉, 《국토지리학회지》 49(4), 2015, 491~503쪽.
4 이지혜, 〈36.87% '코로나 블루' 호소…OECD 중 한국이 최다〉.

모빌리티 자본mobility capital과
사회적 배제[5]

앞서 말한 것처럼 이동성mobility은 현대사회의 모든 사람들에게 중요한 요소이다. 여기서 말하는 이동성은 자신의 의지로, 자신이 가고 싶은 장소에, 자기가 원하는 시간대에 이동이 가능하다는 것을 전제로한다. 그러기 위해서는 장벽이 없어야 한다. 이동에 대한 장벽이 없어야 한다는 것은 작게는 내가 스스로 이동할 수 있는 신체적 능력이갖춰져야 하며, 나아가 이동을 통해서 얻게 되는 다양한 사회적 관계속에서 내 권리가 존중되어야 한다는 것이다. 이동의 능력은 있으나이동의 목적을 달성할 수 없다면 유랑에 불과할 것이다.

이동에 대한 다층적 논의 중 대표적인 것은 존 어리John Urry를 중심으로 발전한 모빌리티스mobilities 개념이다. 모빌리티스는 물리적 행위뿐만이 아닌, 이동 과정 등에서 발생하는 사물·정보·교통 시스템, 가상 이동 등을 포괄하는 다층적 개념으로 활용되는 용어이다.[6]관련 연구에 따르면, 모빌리티스는 이동 과정에서 일어나는 일련의모든 의미와 경험들을 다루며, 사회적 관계가 다양한 연결고리를 전제로 진행되는 사회적 네트워크 형성에 초점을 둔다. 이러한 배경 하

---

5 해당 내용은 윤신희, 《모빌리티스Mobilities와 사회적 배제 간의 연관성 연구》, 경희대학교 박사학위논문, 2016을 참고하여 필자가 재구성한 내용임.

6 윤신희·노시학, 〈새로운 모빌리티스New Mobilities 개념에 관한 이론적 고찰〉, 491~503쪽.

에 어리는 모빌리티스를 '다양한 종류의 사람, 아이디어, 정보, 사물의 이동을 수반하고 유발하는 경제적 · 사회적 · 정치적 실천이자 이데올로기로 인간이 좀 더 나은 삶을 영위하기 위한 권리이자 역량 그리고 자본'으로 정의하며 사회적 자본, 문화적 자본과 마찬가지로 현대인에게 필수적인 자본capital임을 말하고 있다.[7]

경제적 · 문화적 · 사회적 자본과 차별화되는 새로운 유형의 자본으로서 모빌리티스 자본은 네트워크화되어 가는 현대사회에서 그 의미가 점점 더 커질 수 있다. 즉, 사회가 관계 속에서 형성되고 그 안에서 한 개인 또는 집단이 유지되고 역량을 가꾸어 나간다는 것을 전제로 할 때, 어리가 이야기하는 모빌리티스 자본의 힘은 더욱 강력해진다. 그리고 이러한 상황은 전통적인 사회적 자본과 마찬가지로 이것이 박탈된다면 사회에서 소외 또는 배제될 가능성 역시 커질 것임을 의미한다.

일반적으로 사회적 배제social exclusion는 사회나 개인이 특정 집단 내에서 사회 구성원으로서 필수적으로 누릴 수 있는 권리나 기회, 자원 등에서 배제되어 있는 상태를 말한다. 이론적으로 매우 큰 개념으로 그 범위와 요인 등에 대한 논의가 다양하지만, 사회적 배제 개념을 정책 단위에서 적극적으로 도입하고 있는 유럽연합의 경우 경제적 불평등을 가장 명백한 요인으로 보며, 사회적 배제의 문제는 주거 ·

---

7 Urry. J, "Mobilities and social theory," *The New Blackwell Companion to Social Theory* 18, Wiley-Blackwell, 2009, p. 477.

교육·건강 및 서비스 등에 대한 접근의 권리가 부적절하게 주어져 있는 상태로 정의하고 있다.[8]

모빌리티 자본이 사회적 배제에 영향을 미치고 있음을 보여 주는 가장 대표적 대상은 장애인이다. 앞선 우리나라의 상황에서도 살펴볼 수 있듯이 영구적 혹은 반영구적 신체 손상으로 인해 이동이 어려운 장애인들은 쉽게 사회적 소외 혹은 배제의 대상이 되고 있다. 모빌리티스 자본이 좀 더 나은 삶을 영위하기 위한 권리이자 역량이라고 보았을 때, 장애인들은 다양한 사회적 관계의 상호작용을 통해 사회에 참여할 기회가 줄어들고 권리 행사가 어려워질 수 있음을 유추해 볼 수 있으며, 실제 통계 결과를 통해서도 이를 확인할 수 있다.[9]

장애인은 대표적인 사회 소외 계층으로서 사회복지 정책의 중요한 정책 대상이다. 하지만 구제 혹은 구휼의 차원에서 신체의 한계를 대상화하는 것은, 그들이 다른 비장애인들과 동등하게 가진 '이동성'에 대한 권리를 축소하는 역효과를 가져올 수 있음을 지하철 이동권 투쟁에서 확인할 수 있다. 오히려 비장애인들이 경험한 이동권 제한, 즉 코로나19로 인하여 우리 모두 이동이 제한되는 상황에 놓였으며 그로 인해 개개인이 겪은 심리적 혹은 사회적 어려움이 얼마나 컸는지

---

8 Elena Tuparevska, Rosa Santibáñez & Josu Solabarrieta, "Social exclusion in EU lifelong learning policies: prevalence and definitions," *International Journal of Lifelong Education* 39-2, 2020, pp. 179-190.

9 조윤화 외, 《2021년 장애인 빈곤 및 소득불평등 지표》, 한국장애인개발원, 2021, 8~11쪽에 따르면 장애인 가구의 순자산, 자산, 소득은 비장애인 가구에 비해 상대적으로 낮은 것으로 나타남.

에 견주어 장애인 이동권 문제를 모빌리티 자본 차원에서 볼 수 있다면, 동등한 사회 구성원으로서 장애인과 비장애인의 대립의 해법을 찾을 수 있지 않을까?

모빌리티스 패러다임에서 장애인 접근성accessibility에 대한 이해

장애인은 장애 유형에 따라 다르지만, 대부분 신체의 특정 혹은 복수의 기능이 상실 또는 약화되어 사회적 활동에 제약을 받는다. 이에 사회적으로 장애인의 활동을 지원하기 위한 다양한 제도적 장치를 마련하고 있다. 그중에서도 다양한 장소 및 공간, 활동에서 장애인의 접근을 높이기 위한 노력이 진행되고 있는데 무장애 환경, 배리어프리 barrier free 환경 등이 그 예이다. 여기서 강조되는 개념은 장애인 접근성이다. 사실 접근성의 문제는 비장애인에게도 사회문화적 및 인구학적 특징으로 인하여 빈번하게 발생하는 문제이다. 〈표 1〉의 박물관·미술관 접근성에 따른 방문객 개발 내용을 보면, 신체적 어려움으로 인해 발생할 수 있는 접근성 문제는 물리적 접근성과 감각적 접근성 정도이며, 그 외 항목은 장애인이 아니더라도 모든 사람에게 해당될 수 있는 내용임을 알 수 있다. 그럼에도 불구하고 장애인의 접근성 문제가 비장애인의 여러 사회문화적 접근성에 비하여 중요시되는 이유는 '이동성'의 제한 때문이라고 볼 수 있다. 비장애인의 경우 여러

표1 접근성 유형에 따른 박물관·미술관 방문객 개발 관점 적용

구분	고려 사항	방문객 개발의 관점 적용 예
물리적 접근 Physical access	• 시설 환경이 물리적으로 접근 가능한가?	• 조명 추가 설치, 핸드레일, 장애인용 의자, 엘리베이터 등
감각적 접근 Sensory access	• 전시와 이벤트 프로그램, 편의시설을 시각 또는 청각에 손상이 있는 사람들이 활용할 수 있는가?	• 만져서 이용 가능한 도구의 제공 • 다양한 방식(자막이 있는, 시각적 설명이 있는 등)이 적용된 전시 설명 도구 제공 • 청각장애인을 위한 소리 증폭 시스템 제공
지적 접근 Intellectual access	• 배경 지식이 많지 않은 사람들을 배제하고 있지 않은가? • 습득능력 장애learning disabilities가 있는 사람들이 서비스를 이용할 수 있는가?	• 전시 구성 단계 있어 새로운 관람객의 의견을 듣고 이를 반영하는 것 • 전시 기획 단계에서 다양한 관람객의 수준별 이해도에 대한 평가 기준을 세움
경제적 접근 Financial access	• 입장료가 수입이 낮은 사람들의 방문을 어렵게 하는가? • 숍과 까페에서 판매되는 아이템들이 가족들이 소비할 만한 수준으로 가격이 책정되어 있는가?	• 특정한 날 등에 대한 무료입장을 제공하고 이러한 적용을 널리 알리는 것 • 박물관을 지역의 다양한 공동체와 연결하는 것 • 방문 교통수단을 무료로 제공하는 것
정서적/태도적 접근 Emotional/ attitudinal access	• 우리 기관은 새로운 방문자를 환대하는 환경인가? • 우리 직원은 다양한 관람객diversity에 대한 열린 태도로 임하는가?	• 직원 교육 • 새로운 방문객들에게 기관의 환대 노력을 보여 줄 수 있는 특별한 이벤트 등 개최
정보에 대한 접근 Access to information	• 기관에 대한 홍보가 효과적으로 새로운 관람객과 소통하고, 그들에게 닿아 있는가?	• 새롭고, 접근 가능한 마케팅 네트워크, 커뮤니케이션 방법의 개발 • 홍보물을 생산할 때 다양한 언어로 제공 • 직관적으로 이해하기 쉽게 만들어진 홍보물
문화적 접근 Cultural access	• 컬렉션과 전시 디스플레이, 다양한 행사가 우리의 타깃 고객인 관람자의 삶과 관심사를 반영하고 있는가?	• 새로운 수집 정책의 수립 • 적정한 해석이 담겨진 전시 디스플레이 재배치

자료: R. Sandell & J. Dodd,. Alison Coles (ed.) (1998:14) 내용 재인용 및 연구자 번역, 김현경, 《장애인 접근성 강화를 위한 박물관 미술관 가이드라인 수립 방향 연구》, 한국문화관광연구원, 2020, 재인용

접근성의 문제가 동시다발적으로 발생할 수 있으나 그 비중이 동일하다. 반면 장애인의 경우 물리적 접근성으로 대표되는 이동 편의성 문제가 가장 큰 비중을 차지하며, 접근성의 개선은 분명 이동 편의를 위한 물리적 접근성 개선에서 시작되어야 한다. 그래서 국내는 물론 해외에서도 장애인의 편의 증진 및 이동성 확보를 위한 법·제도[10] 마련과 베리어프리 환경 조성 등이 장애인 대상 대표 접근성 관련 사업으로 여겨지고 있다. 그만큼 이동성 확보가 사회활동에서 차지하는 비중이 높기 때문일 것이다.

개념적인 차원에서 이동성에 초점을 둔 모빌리티의 경우 접근성 문제를 서비스와 재화에 접근을 목적으로 하는 도구적 개념으로 다룬다면, 모빌리티스 개념은 좀 더 포괄적 차원의 네트워크성을 기반으로 발전된다고 볼 수 있다.[11] 물론 모빌리티스의 구성 요인에 대해서는 학계에서 다양한 논의가 이뤄지고 있으며, 구체적인 논의는 좀 더 전문적인 학술 연구를 통해 앞으로 더욱 발전될 필요가 있다.

이 글에서는 장애인 접근성을 모빌리티를 통해 달성되는 하나의 목표이자 모빌리티 자본을 획득하기 위한 매개적 영역으로 보고 장애인 접근성의 각 유형에 대한 특징을 살펴보고자 한다.

---

10   우리나라도 「장애인·노인·임산부 등의 편의증진 보장에 관한 법률」로 장애인뿐만 아니라 신체적으로 이동성이 떨어지는 대상을 아울러 편의 증진을 보장하는 법제도를 마련하고 있다.
11   윤신희, 〈모빌리티스 주요구성요인의 타당성 검증〉, 《대한지리학회지》 53(2), 2018, 209~228쪽.

그림 1 Major Facotrs Affecting Access

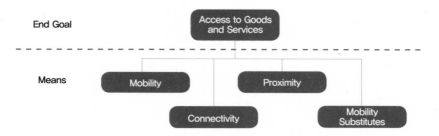

접근성 기반 교통 시스템 평가 연구 및 적용 관련 연구소인 미국 미네소타 대학 Accessibility Observatory는 접근성에 대하여 '재화, 서비스, 활동 및 목적지에 도달하도록 하는 기회'로 보고 이를 위해서 이동성, 이동성 대체물(예: 재택근무), 교통 시스템의 연결성 및 (물리적) 근접성이 접근성을 향상시킬 수 있다고 보았다. 출처: Mike McGurrin, "A Brief note on modal access across America", *McGurrin Consulting*, 2017. 2. 13. https://www.mcgurrin.com/2017/02/13/a-brief-note-on-modal-access-across-america/ (검색일: 2022. 08. 23.)

그림 2 모빌리티스 핵심 자본의 확장 과정 및 요소

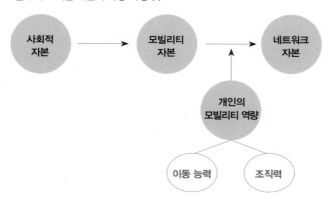

윤신희·노시학(2015)은 새로운 모빌리티스 개념에 대한 이론적 고찰에서 모빌리티스 핵심 자본의 확장성을 위와 같은 도식으로 개념화하였다. 즉, 사회적 자본을 통해서 모빌리티 자본이 확장되고, 이동 능력과 조직력을 포함한 개인의 모빌리티 역량을 매개로 삼아 네트워크 자본이 확장될 수 있다고 보았다. 상기의 도식과 장애인 접근성 유형의 관계성을 보면, 개인의 모빌리티 역량과 사회적 자본을 중심으로 구분되고 있는 장애인 접근성 유형이 모빌리티 자본과 네트워크 자본에 어느 정도 영향을 미칠 것으로 가정할 수 있다. 출처: 윤신희·노시학, 〈새로운 모빌리티스New Mobilities 개념에 관한 이론적 고찰〉, 491~503쪽

이동의 자유를 허하라,
물리적 접근성Physical Access

《표준국어대사전》은 '접근성'을 발생한 위치로부터 특정한 장소 또는 시설로 접근할 가능성으로 정의하고 있다. 물리적 접근성은 우리가 가장 이해하기 쉬운 접근성이며, 접근성이라는 단어를 사용할 때 기본적인 전제로 볼 수 있다. 우리가 접근성이라는 단어를 가장 흔하게 접하는 상황은 주거지를 선택할 때이다. 매력적인 주거지임을 홍보하는 문구에서는 '접근성이 좋은'이라는 표현이 빠지지 않고 등장한다. 좀 더 세부적으로 들여다보면, 여기에서 접근성은 내가 발 딛고 있는 위치, 즉 내 집에서 거리가 가깝다는 것을 의미한다. "이 집은 대중교통 접근성이 좋은 곳에 있다", "아이들 교육을 위한 학교가 집 근처에 있고 병원 인프라가 잘 갖추어진 거주 지역" 등의 문구를 통해 우리는 물리적 접근성이 위치와 위치를 연결하는 것임을 짐작할 수 있다. 다른 한편으로 이동을 전제로 하는 행위, 즉 여행을 다닐 때도 물리적 접근성이 중요한 요소로 고려된다. 여행은 한정된 시간 동안 내가 목표로 한 도시 혹은 특정한 곳을 탐방해야 하므로 효율적인 시간관리가 필요하다. 그래서 거리를 전제로 이동이 가장 효율적으로 이뤄질 수 있는 동선을 계획하며, 이때 우리는 물리적 접근성의 문제를 그 어느 때보다 진지하게 고민하게 된다.

　앞서 살펴본 바와 같이 접근성이 하나의 최종 목표로서 위치한다고 볼 때, 물리적 접근성은 이동 방식과 (이동) 거리 등에 좌우되는 동시에 공간의 물리적 속성에 좌우되기도 한다. 다시 말해 하나의 장소에서 다른 장소로의 이동에서 물리적 접근성은 이동 방식의 편의에 좌우되며 이동 거리의 근접성에 따라 달라진다. 하지만 하나의 장소 내에서의 물리적 접근성, 즉 편의성 측면 또한 간과해서는 안 된다. 예를 들어, 키가 큰 사람과 키가 작은 사람이 있다고 하자. 두 사람이 신체적 차이 때문에 닿을 수 있는 높이가 20센티미터 이상 차이가 난다고 할 때, 어떤 사물이 높은 곳에 자리하고 있으면 키가 작은 사람은 키가 큰 사람에 비하여 물리적 접근성이 떨어질 수밖에 없다. 이러한 사례는 일반적으로 어린이와 어른 사이에서 발생하는 경우가 많다. 어린이가 무언가 갖고자 하는 것을 저지할 때 가장 흔하게 사용하는 방법은 손을 높이 올려 그 물건에 손이 닿지 않게 하는 것이다. 신체의 우위를 통하여 사물의 소유 또는 특정 행위를 통제할 수 있다. 그래서 우리는 어린이를 사회적 약자로 간주한다. 단순히 그들이 힘이 없고 미성숙해서가 아니다. 사회에서 성인을 기준으로 정해 놓은 여러 가지 물리적 여건 속에서 신체적 한계로 인하여 소외될 수밖에 어린이는 분명 물리적 환경의 약자이다.

어린이와 마찬가지로 노인 역시 물리적 접근성의 관점에서 약자이다. 연령대가 높아질수록 신체 기능은 쇠퇴하고 활력은 줄어든다. 이동을 위해 필요한 근육과 신체적 움직임 또는 감각 등이 상대적으로 무뎌지게 된다. 물리적 접근성의 전제인 스스로 이동을 컨트롤할 수 없는 상황이라면, 이들은 물리적 접근성이 배려되어야 하는 대상이다. '거동이 어려운 어르신'이라는 표현이 있지만, 사실 우리 모두 어떤 위험 상황에 노출되어 거동이 어려운 상태가 될 수 있다.

이처럼 물리적 접근성은 신체적 약점으로 인하여 이동의 불편함 또는 이용의 불편함이 발생하는 영역 전반을 아우른다. 단순히 이동의 문제에만 국한되는 것이 아닌 서비스 이용을 포괄하는 것이다. 신체적 약점은 개개인의 사회활동에 불편을 준다. 서두에서도 얘기한 것처럼 우리는 매 순간 신체적 약점을 경험한다. 더욱이 불행한 사고로 인하여 신체적 약점이 영구적 결함이 되면, 사회에서 '보통의 움직임'을 기준으로 설정된 모든 환경이 극복 또는 투쟁의 대상이 될 수밖에 없다.

독립예술가 그룹인 '다이애나 랩'의 공공 프로젝트 '차별 없는 가게'는 이와 같은 보통의 움직임에 관심을 갖고, 장애인을 비롯한 사회적 약자의 목소리에 귀 기울인 프로젝트이다. '차별 없는 가게'는 다양한 사람들이 보통의 일상에서 겪는 어려움에 관심을 두고, 특히 중증장애인과 사회적 소수자가 차별받지 않고 드나들며 지역사회와 관계를 맺을 수 있는 카페나 식당 등 작은 가게를 섭외 및 조정하여 지도로 만드는 프로젝트이다. 이를 기획한 독립예술창작집단 다이애나 랩은 주변의 다양한 계층의 사람들이 차별받지 않고 일할 수 있고, 이용할 수 있는 공간을 꿈꾸며 이 프로젝트를 기획했다고 했다. '공간을 어떻게 구성할 것인가'를 구상하기 위해서는 이 공간에 어떠한 이들이 방문할지를 상상하고 인식하는 것이 선행되어야 한다고 다이애나 랩은 얘기한다. 즉, 세계에 대한 나의 인식이 공간 구성에 반영되는 것이다. '차별 없는 가게'에서 제공하는 가이드는 그러한 의미에서 장애인

그림3 '차별 없는 가게' 공간 접근성 체크 리스트 항목

공간 접근성

차별없는가게는 '휠체어 진입 가능'이 최소한의 물리적 조건입니다.
휠체어 경사로, 핸드레일, 성중립 화장실 등을 갖춰보아요.

엘리베이터
엘리베이터가 있어
휠체어 진입이 가능함

장애인 화장실
턱이 없고 화장실에
장애인 편의시설이 있음

성중립 화장실
남성/여성으로 구분하지
않는 화장실이 있음

턱 없는 입구
입구에 턱이 없어 휠체어
진입이 가능함

고정식 경사로
경사로가 있어 휠체어가
가게 내부에 진입할 수 있음

이동식 경사로
턱이 있지만 이동식 경사로를
놓아 휠체어가 진입 가능함

독립예술창작집단 다이애나 랩이 2019년 9월부터 약 4개월간 진행한 프로젝트로 서울 강북 지역의 까페, 식당, 약국 등 32곳을 '차별 없는 가게' 지도 웹페이지로 만들어 공개하였다. 차별 없는 가게 프로젝트는 실태 조사와 인터뷰, 전문가 자문, 약속문 만들기, 가게 섭외와 방문·교육 등으로 진행되었고 서포터즈 20여 명이 60여 장소를 방문해 체크 리스트에 물리적 환경을 일일이 확인해 표시하고, 추가적으로 점주의 인식은 인터뷰 방식을 통하여 보완하여 리스트화하였다. 출처: 들다방, https://DEULDABANG.COM/5340 (검색일: 2022. 04. 28.)

편의 제공을 위한 가이드와는 조금 다른 방식으로 설명되고 있다. 단순한 신체적 장애뿐 아니라, 이용하는 사람이 어떤 정체성을 지니고 있는지, 그 정체성을 통해 어떻게 이 공간을 이용할 것인지를 고민한다. 이처럼 물리적 접근성은 기능적 영역만으로 해소되기 어렵다. 대

상에 대한 신체적 이해뿐 아니라 그들의 정체성에 담긴 행동 영역까지, 우리가 고민해야 할 물리적 접근성이 더욱 넓어져야 한다는 점에서 '차별없는 가게'가 던지는 질문은 이동성에만 국한되지 않는 모빌리티 자본 측면에서도 큰 의미가 있다.

보다 나은 경험을 위하여, 감각적 접근성Sensory Access

장애는 특정 사건 또는 사고로 인하여 발생하기도 하지만, 모든 인간은 나이가 들면서 신체적 기능이 쇠퇴하고 그에 따른 기능 손실을 경험하게 된다. 그러한 의미에서 우리 모두 잠재적 장애 상황에 놓여 있다고 볼 수 있다.[12] 1975년 UN에서 발표한 〈장애인 권리선언〉은 "선천적이든 후천적이든 신체적, 정신적 능력의 불완전으로 인하여 일상의 개인적 또는 사회적 생활에서 필요한 것을 확보하는 데 자기 자신이 완전하게 또는 부분적으로 할 수 없는 사람"을 장애인으로 정의하였다. 세계보건기구WHO는 보건 및 의학적 관점에서 손상, 기능 제약Disabilities, 사회적 불리Handicaps 등의 개념으로 장애 개념을 확대함

---

12 장애인 중 중도장애 비율은 89퍼센트 이상이다. 누구도 사고 및 질병으로부터 자유로울 수 없으며, 누구나 장애인이 될 수 있다. 한국장애인단체총연맹, 〈중도 장애인, 일상 복귀의 걸림돌을 말하다〉, 2018. 3. 14. http://kodaf.or.kr/bbs/board.php?bo_table=B02&wr_id=1059 (검색일: 2022. 08. 23.)

으로써 신체적 손상이나 기능 제약과 함께 사회적으로 불이익을 받는 상황을 강조하였다.[13]

우리나라의 「장애인복지법」은 "신체적, 정신적 장애로 오랫동안 일상생활이나 사회생활에서 상당한 제약을 받는 자"로 장애인을 정의하고 있다. 이처럼 장애인은 신체적 기능 제약으로 인해 지속적으로 사회생활에 제약을 받는 모든 사람을 지칭함을 알 수 있다. 앞서 살펴보았듯 물리적 접근성이 신체적 제약에서 기인한다면, 장애인은 모든 사회활동에서 물리적 접근성의 문제에서 벗어날 수 없다. 더 나아가 이들에게는 신체적 제약을 세분화하여 물리적 접근성을 고려할 필요가 있다. 두 다리만 있으면 어디든 갈 수 있고 두 팔만 있으면 뭐든 할 수 있다고 하지만, 실제 일상생활에서 신체 어느 한 부분의 감각이 손실되었을 때 우리는 불편을 느낀다. 손과 발이 있어도 신경중추에 의해서 움직여지지 않는다면? 손과 발이 아무런 감각을 느끼지 못한다면? 소리가 들리지 않는다면? 사물이 보이지 않는다면? 이런 상황에서는 손과 발의 기능이 제대로 작동한다고 보기 어렵다. 시각과 청각의 영구적 손실은 손과 발의 움직임 및 이동과 직접적으로 연관된 기능의 손실은 아니지만, 손과 발을 움직이게 하는 인지를 생성시키는 감각이라는 점에서 각각의 기능은 분리되기 어렵다. 이러한

---

13 세계보건기구WHO에서 제시하는 장애에 대한 정의는 1980년에 채택된 ICIDH(International Classification of Impairments, Disabilities and Handicaps)와 2001년에 승인된 ICF (International Classification of Functional, Disability and Health)이다. 김현경,《장애인 접근성 강화를 위한 박물관 미술관 가이드라인 수립방향 연구》, 한국문화관광연구원, 2020, 재인용.

연유로 이동 편의성이 한정된 의미의 물리적 접근성이라고 한다면, 좀 더 넓은 의미에서 물리적 접근성은 신체적 제약에 기인하는 감각적 접근성sensory access을 포괄한다.

물리적 접근성(계단, 이동 경로, 화장실 사용 등)은 사람들이 장소에 접근할 수 있는 여부를 결정하지만 감각적 접근성은 제공되는 경험의 양과 질에 초점을 둔다.[14] 즉, 신체적 제약이 있는 사람도 신체적 제약이 없는 사람과 마찬가지로 원하는 경험을 얻을 수 있도록 하거나 관련한 문제를 스스로 해결할 수 있도록 하는 것이다. 그러므로 일반적으로 감각적 접근성은 물리적 접근성에서의 모빌리티적 속성보다 사용성usability에 좀 더 초점을 두는 개념으로 볼 수 있다.[15] 이동 편의에 초점을 둔 모빌리티의 문제가 이동 수단과 거리 등에 관여하는 것에 반하여, 사용성에 초점을 둔 물리적 접근성으로서의 감각적 접근성은 이용이 편리한 디자인 혹은 무장애 환경 등에 관심을 두며, 그 기준으로 유니버설 디자인[16]이 활용되고 있다.

유니버설 디자인의 기본 원리를 살펴보면 물리적 접근성과 감각적

---

14   Sensory Trust, https://www.sensorytrust.org.uk/about/accessibility-1 (검색일: 2022. 04. 29.)

15   김현경,《장애인 접근성 강화를 위한 박물관 미술관 가이드라인 수립방향 연구》, 2020.

16   유니버설 디자인은 '모든 사람을 위한 디자인Design for all' 또는 '보편적 디자인', 생애주기와 관련된 디자인Design for the life span 등으로 불리며 연령 · 성별 · 국적 · 장애 유무와 상관없이 누구나 편안하게 이용할 수 있도록 건축, 환경, 서비스 등을 계획하고 설계하는 것을 말한다. 1970년대 미국을 중심으로 '장애인'을 위한 특수 공간과 시설을 마련하는 데 따르는 추가 비용과 한계를 줄이기 위하여 처음 시작되었다. 초기 장애 없는 디자인에서 접근 가능한 디자인, 수용 가능한 디자인 등으로 개념이 발전되었으며 생애주기 디자인, 유니버설 디자인으로 정착되었다.

그림 4 유니버설 디자인 원칙과 사례

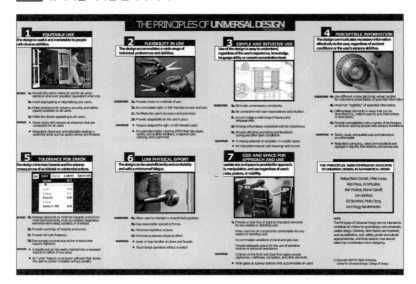

그림 4 유니버설 디자인 원칙과 사례

© Copyright 1997 NC State University, Center for Universal Design,m College of Design 출처: Center for Universal Design, https://projects.ncsu.edu/ncsu/design/cud/about_ud/udprinciples.htm (검색일: 2022. 04. 29.)

접근성에 대하여 좀 더 쉽게 이해할 수 있다. 첫 번째 원칙은 공평한 사용의 원리이다. 특정 조건의 사람이 사용하는 데 불편함이 없는 디자인으로, 센서에 의해 작동되는 자동문 등이 그 예이다. 두 번째 원칙은 사용상의 유연성 확보이다. 다시 말해 사용자의 개인적 차원에서 선호되는 능력을 모두 허용하는 디자인을 말한다. 가령 왼손잡이에게 오른손잡이용 도구는 불편하며 사용하기 어려울 수 있다. 유니버설 디자인이 적용된 도구는 왼손, 오른손 모두 사용 가능하다. 간단하고 직관적인 사용이 가능하며 쉽게 인지 가능한 정보를 포함하도록 하는 원칙은 감각적 접근성을 고려한 대표적인 원칙으로 볼 수 있다. 주변 환경이나 사용자의 감각적 능력과 무관하게 필요한 정보가 효과적으로 전달되는 디자인으로, 촉각이나 시각에 의한 자동온도조절장치 등의 사례를 들 수 있다.

이 외에도 예기치 않은 동작으로 발생할 수 있는 위험을 최소화하는 디자인, 이용하는 데 물리적 힘을 최소화하여 효율적으로 이용할 수 있도록 하는 디자인, 이용자의 신체 크기 · 자세 · 이동 능력과 관계 없이 접근과 조작을 할 수 있는 적정한 크기 및 넓이를 확보하는 디자인 등의 원칙이 있다. 국내에서도 유니버설 디자인에 기초한 다양한 사회 기반시설, 사회 서비스 인프라, 장애인 시설 설치 기준이 마련되고 있다. 우리나라에서 유니버설 디자인의 원칙이 적극적으로 반영된 대표적인 제도는 '장애물 없는 생활환경 인증제도'[17]이다. 아울러 공공디자인 차원에서[18] 그리고 자치단체별 조례에서 유니버설 디자인과 관련된 규정을 적용하고 있다.[19]

---

17 '장애물 없는 생활환경 인증제도'는 2008년부터 시행되고 있다. 「장애인 · 노인 · 임산부 등의 편의 증진 보장에 관한 법률」 제10조의 2 제3항에 해당하는 건축물은 의무적으로 인증을 받도록 하고 있다. 김현경, 《장애인 접근성 강화를 위한 박물관 미술관 가이드라인 수립방향 연구》, 2020.

18 「공공디자인의 진흥에 관한 법률」 제10조의 공공디자인 사업 추진 기본원칙에 "연령, 성별, 장애 여부, 국적 등에 관계없이 모든 사람들이 안전하고 쾌적하게 환경을 이용할 수 있는 디자인을 지향한다"고 명시되어 있다. 유니버설 디자인이라는 단어를 사용하고 있지는 않지만, 자치단체의 유니버설 디자인 조례에서 정의하고 있는 내용과 일치함을 알 수 있다.

19 조례에서 정의하는 '유니버설 디자인'이란 성별, 연령, 국적 및 장애의 유무와 관계없이 모든 시민이 안전하고 편리하게 이용할 수 있는 환경을 설계하는 것(서울특별시 유니버설디자인 도시 조성 기본 조례 기준)이다. 2020년 8월 기준 총 25개의 관련 조례가 제정되어 있다.

이처럼 일상생활 전반에서 유니버설 디자인의 원칙을 반영한 법·제도가 적용되면서 물리적 접근성에 대한 인식은 높아지고 있지만, 상대적으로 감각적 접근성에 대한 인식은 높다고 보기 어렵다. 물리적 접근성의 범위 내에서 감각적 접근성을 고려하는 것에서 나아가 경험의 질을 높이고 경험의 한계를 넘어서도록 하는 감각적 접근성에 대한 이해가 필요하다.[20] 문화예술 경험은 다양한 '감각적 경험'에 기인한다. 예를 들어 작품을 감상하기 위해서는 시각이 필요하고, 공연을 관람하기 위해서는 청각과 시각이 모두 필요하다. 이러한 감각에 장애가 있는 사람이라면 문화적 경험에서 자연스럽게 배제되기 쉽다. 문화예술 경험이 일상생활에서 더욱더 중요해지는 상황에서 감각적 장애를 지닌 사람들이 배제되지 않고 함께할 수 있는 방안을 마련해야 한다. 우리 모두 잠재적 장애인, 곧 장애인이 될 수 있는 비장애 상태에서 생활하고 있음을 인식한다면, 장애를 가졌다고 하여 문화예술 활동을 비롯한 일상생활의 중요한 활동에서 배제되는 것에 침묵해서는 안 된다.

---

20 김현경, 《장애인 접근성 강화를 위한 박물관 미술관 가이드라인 수립방향 연구》, 2020. 최근 국공립 박물관 및 미술관 중에서 작품 해설을 위한 수화 서비스 등에 관심을 갖고 관련 서비스를 운영하거나 준비하는 기관이 증가하고 있다.

모두가 쉽게 이해할 수 있도록,
지적 접근성Intellectual Access

물리적 접근과 관련된 감각적 접근 외에, 경험과 관련된 감각적 접근은 지적 접근성과 관련이 깊다. 지적 접근성은 모든 수준의 관심과 이해를 고려하여 정보를 제공하기 위해 노력해야 함을 전제로 한다. 지적 접근은 정보의 수신자가 주제에 대한 사전 지식이 없더라도 제공되는 내용을 쉽게 파악할 수 있도록 하는 것이다. 가령 우리가 공연, 전시 등 문화적 경험에 앞서 관련 배경을 알고 이해하면 해당 문화 서비스를 더욱 폭넓게 경험할 수 있다. 박물관 및 미술관에 배치되어 있는 브로셔와 교육 자료, 다양한 홍보물 등에 일반적인 사람들이 이해할 수 있는 언어로 된 텍스트가 포함되어 있으면 도움이 될 것이다. 삽화, 실습 활동, 경험을 통한 학습 기회는 언어 기반 정보보다 더 많은 가능성을 제공한다.

그림 5 박물관에 설치된 촉각을 활용한 전시물 체험 시설(왼쪽)과 공간 이동 동선 촉지도(오른쪽)

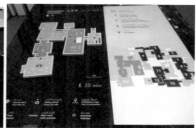

| 사진: 김현경

어떠한 현상 또는 상황을 이해하기 위해서 우리가 얻는 정보는 다양한데, 그 정보의 수준은 개인의 지적 수준에 따라 달라질 수 있어야 한다. 다양한 유형의 학습 기회 제공과 함께, 이해하기 쉬운 것부터 심오한 것까지 다양한 수준의 오디오 및 시각 정보를 선택할 수 있도록 해야 한다. 일례로 장애인 중 발달장애인은 비장애인에게 제공되는 정보로는 동일한 이해가 어려운 경우가 많다. 이러한 정보 격차에서 발생하는 소통의 어려움, 비장애인이 자신들의 기준으로 발달장애인의 생각이나 언행을 판단하는 데서 빚어진 오해 등으로 인해 장애인이 존중받지 못하고 관계의 결핍이 초래되면 정보와 사회적 활동에서 소외될 수밖에 없다.[21] 이를 해소하고자 국내 사회적 기업인 '소소한소통'은 발달장애인을 비롯한 모든 사람을 위해 쉬운 정보를

그림 6 장애인 정보 접근의 어려움(소소한소통)

출처: 소소한소통 기업 소개 자료, http://sosocomm.com(검색일: 2022.04.30.)

---

21   소소한소통 기업 소개 자료, http://sosocomm.com, (검색일: 2022.04.30.)

제공하고 있다. 여기서 말하는 '쉬운 정보'는 발달장애인, 학습장애
어린이, 어르신 등 말과 글을 이해하기 어려운 이들뿐 아니라 모든 사
람들이 편하게 이용할 수 있는 정보를 포괄한다.[22] 일상적으로 우리
가 다루는 정보의 수준과 수단이 수신자에 따라 달라져야 한다는 점
에 착안한 것으로, '소소한소통'은 발달장애인의 알 권리를 우선에 두
고 사업을 운영하고 있다.

　또 다른 사례로 우리나라 문화 기반시설 중 유일한 장애인 전용 국
립시설로서 2000년 개관한 국립장애인도서관은 장벽 없는 지식정보
사회 구현을 목표로 장애인의 정보 접근성 향상에 이바지하고 있으

그림 7 국립고궁박물관 수어 해설 영상

[국립고궁박물관 수어해설영상] 창덕궁 후원 옥류천玉...

[국립고궁박물관 수어해설영상] 책가도 冊架圖

[국립고궁박물관 수어해설영상] 동궐도 東闕圖

[국립고궁박물관 수어해설영상] 경회루 출토 청동용

출처: 국립고궁박물관, https://www.gogung.go.kr (검색일: 2022. 04. 30.)

22　소소한소통, http://sosocomm.com, (검색일: 2022.04.30.)

며, 박물관에서는 전시 및 작품 해설을 수어 영상으로 제작하여 음성 인식이 어려운 관람객들에게 지식 공유의 기회를 제공하고 있다.

일상에 필요한 정보 습득을 용이하도록, 정보 접근성Access to Information

코로나19로 인해 디지털 기반 비대면 활동이 확대되면서 우리는 일상 생활에서 빠르게 디지털 전환Digital transformation을 경험하고 있다. 정보 접근성은 지적 접근성을 지탱하는 중요한 축으로서 디지털 전환의 시기에 그 의미가 더욱 커지고 있다. 특히 온라인을 기반으로 하는 디지털 정보의 양이 더욱 늘어나고 디지털 소통이 일상화됨에 따라 정보에 대한 접근이 용이한 사람과 그렇지 않은 사람의 격차, 정보 양의 격차 등 정보격차의 문제도 사회문제로 대두되고 있다.[23] 비대면 활동이 증가하고 디지털 소통이 늘어남에 따라 정보 접근이 어려운 사람들이 다양한 사회활동에서 배제될 위험이 높아지고 있는 것이다.

코로나19로 인하여 디지털 정보 이용량이 급격하게 늘어남에 따라 최근 디지털 영역이 아니어도 디지털 정보격차 논의가 사회 각 영역에서 활발히 이뤄지고 있다. 정보 격차는 다양한 차원에서 발생할 수

---

23 최아름, 〈취약계층 디지털 정보 격차 개선⋯비대면 장기화 영향〉, 《정보통신신문》, 2022년 3월 24일자.

있다. 가장 먼저 정보 수용 차원의 격차가 나타나고, 활용 차원에서의 정보격차가 발생한다.[24] 정보격차가 발생하는 요인은 다양한데, 사회 경제 및 인구학적 요건으로 연령 · 학력 · 직업 · 소득 · 지역 · 성性 등 의 요인에 의해 유발되는 것으로 알려졌다.

공학적 관점에서는 정보 접근성을 다음의 두 가지 차원으로 구분 한다. 먼저 매체에 대한 물리적 접근과 매체(하드웨어)에 적합한 소프 트웨어 사용의 문제이다.[25] 매체 접근성과 정보 동원력이 결합되었 을 때 정보의 이용 및 활용에서 우위를 차지할 수 있다. 새로운 기능 을 탑재한 다양한 디지털 디바이스들은 대부분 신제품이며 고가이 다. 기업은 고가의 장비가 지속적으로 판매될 수 있도록 새로운 디바 이스에 맞는 소프트웨어를 함께 개발하고 일정 시간이 흐른 후 새로 운 매체에서만 가능한 또 다른 소프트웨어를 개발한다. 이를 이용하 는 데 필요한 것은 새로운 매체를 구매할 수 있는 경제적 능력과 새 로운 소프트웨어에 적응할 수 있는 지적 능력이다. 전통적인 매체들 이 존속하면서 이와 같은 새로운 매체들이 발전하는 경우에는 정보 의 제공이 비단 새로운 매체에 국한되지 않기 때문에 정보격차가 크 게 나타나지 않았다. 하지만 최근에는 전통적 매체 이용자가 감소함 에 따라 전통적 매체 수익 구조가 한계에 부딪히며 관련 산업 영역(출

---

24 조주은, 〈장애인의 정보 접근성: 장애 유형과 정도를 중심으로〉, 《한국인구학》 26(2), 2003, 149쪽.

25 Benyon. D, "The new HCI? Navigation of information space," Knowledge-based systems 14-8, 2001, pp. 425-430.

판·공중파 방송)이 빠르게 쇠퇴하고 있다. 이러한 상황에서 새로운 디바이스를 선점하고 여기서 제공되는 정보를 얻는 자와 그렇지 못한 사람들 간의 격차는 더욱 커질 수밖에 없다.

다른 한편으로는 디바이스와 소프트웨어 조작의 문제가 발생한다. 즉, '정보 시스템의 입출력 장치나 인터페이스가 어떤 잠재적 사용자나 쉽게 조작할 수 있도록 설계되어 있는가'의 문제로, 이는 주요 사용자의 신체적·정신적 능력과 관련된다.[26] 공학자들은 인간과 컴퓨터의 상호작용 관점에서 UX 설계 등을 고려하고 있으며, 그 대표적인 대상으로 장애인들의 조작적합성 등을 연구하고 있다. 해외는 물론 우리나라도 웹 접근성 기준을 마련하고 해당 기준에 따라 웹 접근성 인증 제도를 운용하여[27] 정보 접근성에 있어 신체적 능력으로 인한 불편이 없도록 지원하고 있다. 최근에는 이와 같은 디바이스 조작 문제가 더욱 중요해지고 있다. 가령 다양한 서비스 인력을 대체하고 있는 키오스크kiosk의 경우 키오스크를 조작한 사람들의 데이터를 수집하게 된다. 고령자가 키오스크 이용에 어려움을 느껴 이용을 포기할 경우 키오스크를 통하여 모이는 데이터에서 노인들의 데이터가 배제될 수 있고, 이 정보를 바탕으로 기업에서 매출의 특성을 분석하

---

26 조주은, 〈장애인의 정보 접근성: 장애 유형과 정도를 중심으로〉, 150쪽.
27 (사)한국장애인단체총연합회 한국웹접근성인증평가원에서는 「국가정보화기본법」 제32조의 2 제4항에 따라 장애인 및 고령자가 웹사이트 이용에 불편이 없도록 웹 접근성 표준을 준수한 우수 사이트에 대해 심사 후 품질인증 마크를 부여하고 있다.

그림 8 장애인을 위한 웹 접근성 요건

출처: Karwai Pun, 〈Dos and don'ts on designing for accessibility〉, 《UK, Home Office Digital》, 2016.https://accessibility.blog.gov.uk/2016/09/02/dos-and-donts-on-designing-for-accessibility (검색일: 2022. 04. 30.)

고 실시간 서비스 제공 방식을 바꾸게 된다면 노인들은 해당 서비스에서 소외될 수 있다.[28] 과거 경제적 불평등 문제가 경제적 문제로 인하여 삶의 기회를 제약했다면, 정보 불평등의 심화는 생활방식의 차이(리터러시 수준 등)를 가져올 수 있다. 삶의 문화적 기초가 다른 세대 혹은 계층이 형성될 수 있는 것이다. 또한 고도로 정보화된 사회에서 정보

---

28 노도현, 〈정보 격차, 불편함의 문제 아닌 불이익의 문제〉, 《경향신문》, 2020년 3월 22일자.

에서 배제 혹은 소외된 이들의 삶 자체가 제약을 받을 위험성이 높다.

이와 같은 상황을 타개하기 위하여 공공 부문은 물론 민간 부문에서도 웹·모바일 등의 공간에서 누구나 동등하게 서비스를 받을 수 있도록 하는 '디지털 접근성' 개선 노력[29]이 이뤄지고 있으며, 이러한 움직임은 디지털 환경의 고도화와 함께 활발해질 것으로 기대된다.

누구나 소비할 수 있는 수준으로, 경제적 접근성Financial access

앞서 논의한 접근성 문제는 장애인을 비롯하여 신체적 어려움으로 인해 여러 서비스나 공간에서의 이동 편의 등을 수월하게 이용할 수 있도록 하는 방안들이었다. 즉, 불의의 사고든 고령화로 인한 것이든 신체의 기능 상실에 대해 개인은 이를 통제하기 어려우며 받아들일 수밖에 없다. 이와 달리 지금부터 살펴보려는 접근성은 개인의 문제라기보다는 사회구조적 차원에서의 상대적 능력 박탈로 인한 소외, 배제의 문제와 관련이 높다.

자본주의가 고도로 발달함에 따라 우리의 모든 사회적 활동은 자본의 흐름과 연결되어 있다. 다양한 서비스 재화를 이용하려면 돈을

---

29 카카오 보도자료, 〈카카오 공동체, 디지털 접근성 강화 나선다 '디지털 접근성 책임자(DAO)' 신규 선임〉, 《kakao》, 2022년 4월 20일자.

내야 한다. 물론 공공 부문에서 제공하는 사회적 서비스로 해결되는 것도 있지만, 좀 더 나은 서비스를 이용하기 위해서는 지불할 수 있는 능력이 중요하다. 그런 의미에서 경제적 접근성은 지불 능력이 없어도, 혹은 지불 능력이 상이한 사람들 모두가 사회생활을 영위하는 데 필요한 서비스 등을 이용할 수 있는가의 문제이다.

우리나라는 국가 중심의 건강보험제도가 잘 구축된 나라로 알려져 있다. 의료보험제도를 통하여 질병 치료를 무상에 가깝게 지원받을 수 있으며, 총 의료 비용도 OECD 평균에 비해 높다고 보기 어렵다. 대한민국 국민이라면 누구나 가입할 수 있고, 외국인도 6개월 이상 체류하고 있다면 의무 가입해야 한다. '국가가 왜 나에게 가난한 사람들의 의료비를 대신 내도록 강요하는가?'라는 비판의 의견도 있지만, 기본적인 사회안전망 제도로서 경제적 능력을 떠나 삶의 질을 높이는 데 필수적이라는 관점에서 운영되고 있다. 이와 같은 기본적인 사회안전망 제도를 비롯하여, 모든 사람이 사회에서 동등하게 기회를 얻어야 하는 부분에서 경제적 능력이 장벽이 되지 않도록 하는 것이 경제적 접근성을 높이는 방안이 될 수 있다.

살펴본 바와 같이 고도의 정보화사회가 됨에 따라 다양한 디지털 디바이스 또는 매체의 소유가 정보 소유에 영향을 미치고 있다. 하지만 디지털 디바이스의 가격이 높아 이를 소유하지 못한 사람들은 경제적 접근성이 떨어져 정보 접근성에 문제가 발생한다. 경제적 접근성은 신체적 결함만큼이나 사회활동 전반에 영향을 미칠 수 있다. 삶의 다양한 기회를 경험하는 데 한계가 생기는 것이다.

정보 접근성을 직접적으로 해결할 수 있는 것은 아니지만, 사회 서비스 방식 중 하나로서 특정 상품이나 서비스에 대한 보조 지원제도인 바우처 제도를 활용할 수 있다. 바우처는 '현물' 내지 '특정 현물로만 교환이 가능한 상품권' 등을 지원하는 방식이다. 삶의 다양한 기회를 경험하는 데 있어 경제적 문제가 장벽이 되지 않도록 국가에서는 의료와 같은 필수 사회안전망 외에도 문화·복지 등 활동에 대한 바우처를 제공하는 한편, 비용을 들이지 않고 서비스를 이용할 수 있도록 무료로 제공한다. 예를 들어, 국립 문화 기반시설 중 대표적인 박물관·미술관의 경우 무료 입장 제도를 운용하고 있다. 경제적 한계로 인하여 문화 향유 기회에서 소외되지 않도록 국가에서 공공 서비스를 무료로 개방하는 것이다.

경제적 접근성의 문제는 사회에서 누구나 겪을 수 있다. 경제적 불평등이 심화될수록 경제적으로 가진 자와 가지지 못한 자가 경험하는 정보와 경험의 질이 차이가 난다면, 국가가 경제적 접근성의 한계를 극복할 수 있도록 노력하는 것이 필요할 것이다.

환대하는 마음으로,
정서적/태도적 접근성Emotional/attitudinal access

경제적 접근성과 별개로 사회활동을 하면서 우리는 다양한 사람들과 관계를 맺는다. 이러한 관계 맺음을 통하여 우리는 자신의 의도와 상관없이 특정 집단에 소속되기도 하고 배제되기도 한다. 특정 집단에 소속된다는 것은 집단에서 나의 자리 또는 위치가 인정된다는 의미이며, 집단에서 배제되는 것은 내가 환대받지 못하고 인정받지 못하는 것이라 볼 수 있다. 사회적 집단에서 위치를 인정받는다는 것은 권리를 주장할 권리를 부여받는다는 것이다. 즉, '환대 받음'을 통해서 집단 혹은 사회의 구성원이 되어 권리 행사의 권리를 얻는다.[30]

거꾸로 생각했을 때, 나와 다른 피부색을 지녔으니, 나와 고향이 다르니, 우리와 말투가 다르니, 동문이 아니니… 등과 같이 우리가 쉽게 쓰는 말은 지칭하는 대상을 '이방인'으로 규정한다. 내가 상대하는 모두가 이방인이라면 우리는 모두 이방인에게 둘러싸여 있다고 해도 과언이 아니다. 즉, 내 주위 사람들 모두가 이방인이며, 이방인을 적대하는 것은 곧 나 자신을 적대하는 것이다.[31]

정서적/태도적 접근성이란 누군가를 맞이하는 환경으로서 상대에 대해 열린 태도를 지니고 있는지에 대한 접근성이다.[32] 우리가 어딘가에 이방인으로서 방문할 때 반드시 누군가에게 환대를 받는 것은 아니다. 여기서 정서적/태도적 접근성이 확보된다면 우리는 두려움 없이 새로운 장소와 새로운 관계에 스스로를 드러낼 수 있으며 함께 어울릴 수 있을 것이다. "적대란 타인의 존재에 대한 부정"이라고 볼

30 김현경,《사람, 장소, 환대》, 문학과 지성사, 2016.
31 손영창,〈데리다의 무조건적 환대와 타자성〉,《프랑스문화연구》24, 2012, 97~127쪽.
32 김현경,《장애인 접근성 강화를 위한 박물관 미술관 가이드라인 수립방향 연구》, 2020.

때,[33] 환대는 타인의 존재에 대한 인정이며, 이러한 인정은 그에게 자리를 마련해 주는 몸짓과 말을 통해서 표현된다.

하지만 우리는 우리와 다른 사람들을 아주 손쉽게 이방인으로 취급하며, 우리와 다르다는 이유로 그들을 배제하고 소외시키곤 한다. 코로나19로 인하여 서구 사회를 중심으로 하여 나타난 아시아계에 대한 혐오범죄가 대표적이다. 멀리 해외에 가지 않아도, 현재 한국 사회에서는 타인에 대한 혐오 표현이 쉽게 사용되고, 관련 보도 기사도 쉽게 찾아볼 수 있다. 현대사회를 이끌어 가는 중요한 개념으로 '문화 다양성'에 대한 가치가 표방된 지 채 10년도 되지 않아[34] 우리는 다양성의 근간을 흔드는 적대와 혐오에 무방비하게 노출되어 있음을 매 순간 실감하게 된다.

이러한 상황을 타개할 수 있는 방식으로 정서적/태도적 접근성에 대한 이해가 높아져야 하는 것은 당연하다. 설령 당장 내 앞에 있는 나와 다른 사람들을 이해하는 것이 선행되기 어렵다면, 적어도 어떠한 서비스나 공간 등을 이용하는 누군가에게 '환대'의 서비스를 제공한다면 첫 단추는 끼워진 것이다. 예를 들어 박물관·미술관에서 다뤄지는 다양한 지식 정보 서비스를 손쉽게 이용하지 못하는 장애인들이[35] 박

---

33 성정엽, 〈칼 슈미트의 '정치적인것'의 개념〉, 《민주법학》 72, 2020, 49~79쪽.

34 유네스코 문화다양성 선언은 2001년 11월 프랑스 파리 제31차 유네스코 총회에서 채택된 의제임. 우리나라에서는 이 문화다양성 선언에 기초하여 〈문화다양성의 보호와 증진에 관한 법률〉을 2022년 12월에 제정하였음.

35 박근화 외, 《2021 장애예술인 문화예술활동 실태조사 및 분석 연구》, 문화체육관광부, 2022.

58 투 유: 당신의 방향

물관·미술관을 방문했을 때, 그들에게 먼저 다가오는 직원들의 한마디가 경험해보지 못한 환경에 첫발을 내딛는 장애인들에게 장소와 활동에 대한 두려움을 떨칠 수 있는 가장 효과적인 방법이 될 수 있다.

앞서 살펴본 다양한 접근성, 곧 물리적·감각적·경제적·정보 및 지식 접근성 등이 모두 누군가를 '환대'하려는 목적을 지니고 상대에 대한 이해를 기반으로 접근성을 높이는 방식을 찾고자 하는 것이라면, 지하철 내의 장애인 이동을 좀 더 용이하게 할 수 있는 엘리베이터의 의무적 설치에 대하여 그렇게 분노할 필요도 없을 것이며, 내가 내는 의료보험비가 나보다 경제적으로 어려운 가난한 사람들에게 쓰이는 것을 불편해 하지 않을 수 있다. 같은 정보에 대해서도 상대적으로 이해가 낮다면, 더 쉽게 상대의 관점에서 정보를 이해할 수 있도록 쉬운 정보를 제공하는 것 역시 이와 같은 환대로서의 정서적/태도적 접근성의 또 다른 방식일 것이다.

모두가 누릴 수 있는 문화,
문화적 접근성

독립예술창작집단 다이애나 랩이 '모두에게 공평한 자리를 내어 주는 것에부터 시작할 수 있다면'이라는 전제에서 기획한 〈환대의 조각들〉전展은 각기 다른 파편들 사이에서 '예술활동가'로서 정체성을 규정하지 않고 창작을 지속해 온 누군가의 이야기에 귀 기울인다. 여기서 예술은 열린 '표현의 장場'으로 나타난다. 중앙집권적이지 않으면서 수평적인 관계를 확산할 수 있는 온라인 웹 플랫폼을 차용함으로써 표현의 자유 혹은 경계 없는 예술에 대한 (창작) 접근성을 얘기하는 듯하다.

일반적으로 문화적 접근성은 문화 정책에서 문화 복지의 개념 아래에 소외계층을 위한 문화 접근성(기회) 확대 차원에서 논의되어 왔다. 하지만 정서적/태도적 접근성과 달리 문화적 접근성은 좀 더 능동적 의미의 '개인의 문화적 권리'에 대한 논의로 확대될 필요가 있

그림 9 다이애나 랩 〈환대의 조각들〉 웹 플랫폼

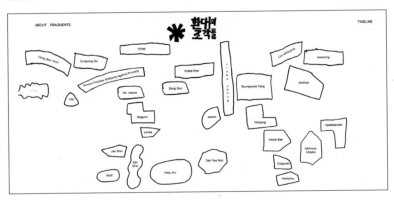

예술가 혹은 예술 활동을 하는 창작자(예술가라고 지칭되지 않는)들을 하나의 조각들로 엮어 보고 그들의 표현 방식을 통하여 새로운 하나의 장場 또는 플랫폼을 구성하는 웹 플랫폼 형식의 공공프로젝트성 전시로, 독립예술창작집단 다이애나 랩이 진행하고 있다. 전시에서 말하는 환대의 조각은 각각의 창작자들과 그들이 만들어 낸 생산물들을 지칭한다. 창작자들이 자기만의 폴더를 가지고 각자의 이야기, 그림, 소리, 영상 파일을 하나씩 폴더에 넣으면 각각의 조각은 일련번호를 부여받고, 환대의 조각들 페이지에 차곡히 쌓인다. 이 같은 일련의 행위를 통해 조각들이 서로 연결될 수 있도록 하며, 연결을 통해 새로운 세상에 대한 상상을 할 수 있도록 하는 것이 기획 의도이다. 출처: 〈환대의 조각들〉, http://fragments2021.ink/#/ (검색일: 2022. 04. 21.)

다. 개인의 문화적 권리는 우리나라 법률 제18379호인 「문화기본법」 제4조에 기초한다. "모든 국민은 성별, 종교, 인종, 세대, 지역, 정치적 견해, 사회적 신분, 경제적 지위나 신체적 조건 등에 관계 없이 문화 표현과 활동에서 차별을 받지 아니하고 자유롭게 문화를 창조하고 문화 활동에 참여하며 문화를 향유할 권리(이하 "문화권"이라 한다)를 가진다."

우리는 인간으로서 또한 사회 구성원으로서 스스로 삶의 모습을 만들어 가는 동시에 다양한 삶과 중첩되어 살아가고 있다. 내 개인의 문화적 권리가 보장되려면 다른 사람의 문화적 권리를 존중하고 이를 이해하는 다양성이 확보되어야 한다. 나를 표현하기 위한 배타적 행동이 남에게 불편을 주지 않도록 하는 것은 쉽지 않은 일이다. 서로 간에 이해와 소통이 필요한 이유가 바로 여기에 있다. 문화적 접근성은 상기에 언급된 문화권에 기초하여 문화예술에 대한 서비스를 직접적으로 누리기 어려운 그래서 문화적 자본을 갖기 어려운 이들에게 문화를 접하는 기회를 제공하는 소극적 의미뿐 아니라, 모든 사람이 다양한 문화 활동에 참여하고 표현할 수 있는 권리를 제대로 행사하는 것까지 포괄해야 한다. 이를 위해서는 문화가 하나의 대상이 아닌 주체적 활동으로서 다양한 사람들 사이에서 일방향의 전달이 아닌 상호작용의 과정으로 우리 생활 한가운데에 자리 잡을 필요가 있다.

코로나19로 촉발된 이동성 제한은 모빌리티스의 의미를 다시금 깨닫는 계기가 되었다. 장애인으로 한정되었던 이동 제한의 문제가 비장애인의 일상 전반에 적용됨에 따라 우리는 이동 과정에서 나타나는 다양한 관계, 서비스, 자원 교류 등이 이동의 자유와 연결되어 있음을 알게 되었다. 물론 거리두기가 해제되고 빠르게 코로나19 이전의 상황으로 돌아감에 따라 한시적으로 멈춰 있던 사회 속 이동이 다시금 활발해지고 있으며, 비장애인의 대중교통 이용의 권리와 장애인의 이동 자유에 대한 외침이 첨예하게 부딪히는 상황이 벌어지는 등, 우리가 경험했던 불편한 시간은 빠르게 잊힐 수 있다.

여러 유형의 접근성을 살펴보면서, 사회적 기준에서 '보통'인 사람들이 '보통보다 못한' 누군가에게 건네야 할 이해와 배려는 착한 마음이나 따뜻한 감정 등 개인적 차원의 노력보다는 함께 살아가는 사회 구성원으로서 자신과 타인에 대한 이해를 전제로 해야 함을 다시금 깨닫게 된다.

모빌리티 개념에서 출발한 물리적 접근성과 감각적 접근성이 장애인에게 좀 더 필수적인 접근성의 영역이긴 하지만, 우리 모두 이동이 제한되었을 경우 겪게 되는 어려움은 같다는 점에서 '그들을' 위한 장벽 제거가 아니라 '모두를 위한' 장벽 제거가 되어야 함을 알게 된다. 고도의 디지털 시대를 살아가는 우리들에게 디지털을 통한 정보와 지식의 습득은 더는 낯선 일이 아니다. 하지만 빠르게 변화하는 기술의 속도를 따라가는 것은 모두에게 쉽지 않은 일이다. 비단 지적 수준이 상대적으로 낮은 이들에게만 쉬운 정보가 필요한 것이 아니다. 좀 더 이해하기 쉬운 정보를 제공하여 많은 사람들이 이해할 수 있는 상황을 만드는 것이 목적이라면, 장애인과 비장애인을 구분할 필요가 있을까? 비싼 가격의 디지털 디바이스를 누구나 흔쾌히 구매할 수 있는 것은 아니다. 곧, 누구나 경제적 접근성의 경계에서 정보와 지식 제공에 차별을 받을 수 있는 것이다.

외국에 나가 보면 이방인으로서의 '나'를 경험할 수 있다. 그때야 깨닫게 된다. 얼굴색이 다른 나를, 그 나라 언어를 제대로 구사하지 못하는 나를, 새로운 장소에서 헤매고 있는 나에게 친절한 한마디를 건네 주는 '그 누군가가' 얼마나 고마운지를. 우리는 매 순간 누군가에게 이방인이며, 늘 이방인과 섞여 살 수밖에 없다. 누군가를 환대한다는 것은 이방인을 배척하지 않고, 그들이 누구인지 궁금해 하며, 그들을 따뜻하게 바라보는 것에서 출발한다.

이와 같은 접근성에 대한 총체적인 인식은 현대사회를 살아가는 모든 사람이 서로 관계를 맺고 상호작용하는 데 매우 중요하다. 이 글의 서두에서 학술적 차원에서 단순한 물류의 이동, 교통 편의로서 이동성 개념이 '다양한 종류의 사람, 아이디어, 정보, 사물의 이동을 수반하고 유발하는 경제적·사회적·정치적 실천이자 이데올로기로 인간이 좀 더 나은 삶을 영위하기 위한 권리이자 역량 그리고 자본'으로서 모빌리티스 개념이 새롭게 나타났다고 언급하였다. 개인적으로 여기서 중요한 것은 사회적·정치적 실천으로서 인간이 좀 더 나은 삶을 영위하기 위한 권리인 듯싶다. 개개인에게 그러한 권리가 부여되고 역량이 쌓이려면 나와 다른 남에 대한 이해와 동시에 다른 사람이 겪고 있는 이동의 불편함 또는 장애를 이해하고 그것을 같이 해소하려는 노력이 뒷받침되어야 할 것이다. 다시 말해 〈그림 2〉에서 설명하고 있는 모빌리티가 하나의 '자본capital'에서 '네트워크 자본'으로

진행되는 과정에서 필수적인 매개 요소로서 개인의 모빌리티 역량뿐
아니라, 이와 같은 다층적 차원의 접근성 완화 역시 모빌리티 자본이
네트워크 자원으로 진화하는 데 중요한 위치를 차지할 수 있기를 바
란다.

다이애나 랩의 〈환대의 조각들〉 전시처럼 우리 모두가 다른 모양
을 지닌 파편들로서 지구 또는 디지털 세상을 떠도는 상상을 해 보자.
각각의 파편들이 적당한 거리를 유지하되 부딪치지 않고 서로의 이
동을 배려할 수 있다면, 우리 각자가 환대의 조각들로서 때로는 연대
하고 때로는 각자 도생하며 세상을 좀 더 다양하고 어울림 있게 살아
갈 수 있기를 기대해 보며 글을 마친다.

참고문헌

김현경,《사람, 장소, 환대》, 문학과지성사, 2016.

_____,《장애인 접근성 강화를 위한 박물관 미술관 가이드라인 수립방향 연구》, 한국문화관광연구원, 2020.

박근화 외,《2021 장애예술인 문화예술활동 실태조사 및 분석 연구》, 문화체육관광부, 2022.

조윤화 외,《2021년 장애인 빈곤 및 소득불평등 지표》, 한국장애인개발원, 2021.

성정엽,〈칼 슈미트의 '정치적인것'의 개념〉,《민주법학》72, 2020, 49~79쪽.

손영창,〈데리다의 무조건적 환대와 타자성〉,《프랑스문화연구》24, 2012, 97~127쪽.

윤신희,《모빌리티스Mobilities와 사회적 배제 간의 연관성 연구》, 경희대학교 박사학위논문, 2016.

_____,〈모빌리티스 주요구성요인의 타당성 검증〉,《대한지리학회지》53(2), 2018, 209~228쪽.

윤신희·노시학,〈새로운 모빌리티스New Mobilities 개념에 관한 이론적 고찰〉,《국토지리학회지》49(4), 2015, 491~503쪽.

조주은,〈장애인의 정보 접근성: 장애 유형과 정도를 중심으로〉,《한국인구학》26(2), 2003, 147~173쪽.

노도현,〈정보 격차, 불편함의 문제 아닌 불이익의 문제〉,《경향신문》, 2020년 3월 22일자.

이지혜,〈36.87% '코로나 블루' 호소…OECD 중 한국이 최다〉,《한겨레》, 2021년 5월 18일자.

이해인,〈장애인 지하철 시위에…'권리다' '민폐다'〉,《조선일보》, 2022년 3월 29일자.

최아름,〈취약계층 디지털 정보 격차 개선…비대면 장기화 영향〉,《정보통신신문》, 2022년 3월 24일자.

카카오 보도자료,〈카카오 공동체, 디지털 접근성 강화 나선다 '디지털 접근성 책임자(DAO)' 신규 선임〉,《kakao》, 2022년 4월 20일자.

국립고궁박물관, https://www.gogung.go.kr(검색일: 2022. 04. 30.)

들다방, https://deuldabang.com/5340 (검색일: 2022. 04. 28.)

소소한소통, http://sosocomm.com, (검색일: 2022.04.30.)

한국장애인단체총연맹, 〈중도 장애인, 일상 복귀의 걸림돌을 말하다〉, 2018. 3. 14. http://kodaf.or.kr/bbs/board.php?bo_table=B02&wr_id=1059 (검색일: 2022. 08. 23.)

〈환대의 조각들〉, http://fragments2021.ink/#/ (검색일: 2022. 04. 21.)

Benyon. D, "The new HCI? Navigation of information space," *Knowledge-based systems* 14-8, 2001, pp. 425-430.

Elena Tuparevska, Rosa Santibáñez & Josu Solabarrieta, "Social exclusion in EU lifelong learning policies: prevalence and definitions," *International Journal of Lifelong Education* 39-2, 2020, pp. 179-190.

Urry. J, "Mobilities and social theory," *The new Blackwell companion to social theory* 18, Wiley-Blackwell, 2009.

Center for Universal Design, https://projects.ncsu.edu/ncsu/design/cud/about_ud/udprinciples.htm (검색일: 2022. 04. 29.)

Karwai Pun, 〈Dos and don'ts on designing for accessibility〉, 《UK, Home Office Digital》, 2016. https://accessibility.blog.gov.uk/2016/09/02/dos-and-donts-on-designing-for-accessibility (검색일: 2022. 04. 30.)

Mike McGurrin, 〈A Brief note on modal access across America〉, 《McGurrin Consulting》, 2017. 02. 13. https://www.mcgurrin.com/2017/02/13/a-brief-note-on-modal-access-across-america/ (검색일: 2022. 08. 23.)

Sensory Trust, https://www.sensorytrust.org.uk/about/accessibility-1 (검색일: 2022. 04. 29.)

관광객과 방랑자

모빌리티 자본의 불평등과 이동의 위계성

| 안진국 |

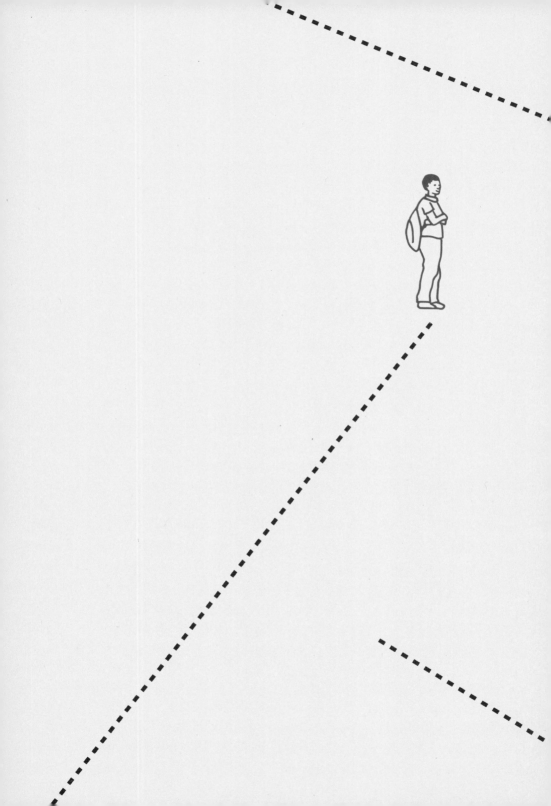

우리는 현재 이동의 통제와 확산을 경험하고 있다. 코로나19COVID-19 바이러스 창궐로 인해 신체 이동이 통제되고 있다. 한때 재앙의 문장이었던 "가만히 있으라"(세월호 참사)는 전 세계 방역 수칙의 머리말로 작동한다. 세계 각국은 신체 이동을 제한하고 장벽을 높였다. 집에 있는 시간이 늘었고, 움직임은 급격히 줄었다. 물리적 이동성의 상징인 세계적 항공 네트워크는 비행기 모빌리티를 통해 코로나19를 순식간에 전 세계로 확산시켰다. 이 확산은 역설적으로 세계적 항공 네트워크를 얼어붙게 하고 세계적인 신체 이동을 급격히 위축시켰다.

그렇다면 우리의 이동은 정말 줄어들었을까? 기차의 탄생 이후 자동차의 발전을 거치면서 폭증했던 인간의 물리적 이동성은 코로나19 팬데믹 상황에서 분명 줄어들었다. 하지만 마치 질량 보존의 법칙처럼 인간 외의 다른 이동성은 폭증했다. 택배를 통한 물류 이동은 더욱 활발해졌고, 넷플릭스와 같은 OTTOver-the-top media 서비스의 사용자는 늘었으며, 줌ZOOM 등 인터넷 화상회의 앱을 통한 다자간 접속, 혹은 실시간 온라인수업은 일상이 되었다. 방역이라는 통제 메커니즘은 쉬지 않고 '방역 정보 알림'과 '재난 알림'을 보낸다. 스마트폰의 QR코드는 신원을 증명하거나 결제의 수단으로 수시로 사용되면서 사용자의 현재 위치와 정보를 빛의 속도로 이동시킨다.

이렇게 이동과 부동은 동전의 양면과 같다. 이동성은 항상 부동성과 겹쳐 있다. 모빌리티mobility의 다른 얼굴은 임모빌리티immobility라 할 수 있다. 이동성을 의미하는 모빌리티가 근래에 떠오르는 것은 고-이동사회의 도래에 있다. 고-이동사회는 모빌리티 불평등을 불러오고 있다. 모빌리티는 누군가를 쉽게 이동하게 하면서 다른 누군가의 이동을 제약한다. 모빌리티는 이동 특권층과 모빌리티 빈민이라는 계층을 형성하고, 이동의 위계를 만든다. 모빌리티 최상층부에는 상대적으로 자주 쉽고 편안하게 이동할 수 있는 이동 특권층이, 하단부에는 자유로운 이동이 억제되거나 강제로 이동해야 하는 모빌리티 빈민이 존재한다. '관광객'과 '방랑자'는 모빌리티/임모빌리티의 위계를 드러내는 하나의 은유다. (여기서는 '부동성' 대신 '임모빌리티'를 사용하고자 한다. 부동성과 모빌리티의 영향 관계를 명확히 드러내는 데는 '부동성'이라는 용어보다는 단어 안에 모빌리티가 들어 있는 '임모빌리티'가 더 유효하기 때문이다.) 관광객은 모빌리티 상류층이고, 방랑자는 모빌리티 하류층이다. 이들은 똑같은 공간을 이동하더라도 불균등한 모빌리티로 인해 각자 다른 이동/부동을 경험하게 된다.

이 글에서는 고-이동사회인 현대사회에서 모빌리티의 사회과학적 의미와 자본화된 모빌리티의 형성 과정을 살핀다. 더불어 그것이 미술작품에서 등장하는 방식을 《투 유: 당신의 방향To you: Move Toward Where You Are》(2022년 2월 24일~4월 24일, 아르코미술관) 전시 작품들을 통해 확인한다. 이를 위해 먼저 과거부터 존재했던 이동성이 '모빌리티'

로 재정의되는 과정에서 사용되는 '전회turn' 개념의 의미를 고찰하고, '물질적 전회'와의 관계성을 탐색할 것이다. 그리고 모빌리티 자본의 형성 과정과 모빌리티 불평등을 분석하고자 한다. 이어서 모빌리티 의 특성과 불평등한 모빌리티가《투 유: 당신의 방향》에 전시된 미술 작업에서 어떤 의미로 발현되는지 그 양태를 살펴볼 것이다.

모빌리티와
물질적 전회

최근 택시 호출 앱인 '카카오T'나 공유 자동차 서비스인 '쏘카'와 '카플 랫', 공유 킥보드 서비스인 '라임', '킥고잉', '씽씽' 등이 활성화되면서 전통적인 교통 운송 수단에 IT 등 첨단 기술을 가미한 새로운 이동 방 식, 이른바 CASE—네트워크 연결Connected, 자율주행Automated, 차량 공유Shared, 전기화Electric— 논의가 활발하다. 이에 따라 경영·경제 계 및 IT 업계에서 '스마트 모빌리티', '모빌리티 서비스', '퍼스널 모빌 리티', '모빌리티 플랫폼' 등의 용어가 중요하게 회자되면서 '모빌리티' 가 열광의 키워드로 떠오르고 있다. 하지만 첨단 기술과 함께 회자되 는 모빌리티는 공진화共進化·co-evolution에 대한 피상적 낙관론에 기초 한 협소한 의미일 뿐이다. 그리고 이 낙관론은 이른바 '스마트 모빌리 티'라 불리는 산업에 투자한 사람들이 일으키는 하나의 이데올로기에 불과하다. '모빌리티'는 단순히 첨단 기술산업의 열망만을 담은 용어가 아니다. 사회과학과 인문학에서 '모빌리티'는 '이동성'이나 '유동성' 등이 지닌 다양한 의미를 함축한 더 넓고 깊은 의미를 지닌 개념이다.

이동성의 확장된 개념

'모빌리티'는 한국어로 '이동성移動性' 정도로 번역된다. 하지만 영국의 사회학자 존 어리John Urry를 중심으로 '이동'을 사회과학적으로 탐구하는 연구자들에게 이 번역어는 불완전하다.[1] "모빌리티 '렌즈'를 통해 … 다양한 이론, 방법, 질문, 해결을 만들어 내는 특별한 사회과학"의 중심 용어이기 때문이다.[2] 이 용어는 운동이나 이동을 뜻하는 movement와 결이 다른데, 사전적 해석을 통해서 그 의미를 확인할 수 있다.《옥스포드 영어사전》에 의하면, movement는 17세기부터 기계와 관련된 운동 과정과 역학을 언급하기 위해 사용되면서 대체로 추상적이고 과학적인 개념을 가리키는 용어가 되었다. 반면, mobility는 17세기에 사람, 신체, 팔다리, 장기에 적용되어 움직일 수 있는 능력과 더불어 자연과학적인 운동의 의미로 함께 쓰이다가 18세기에 그 쓰임새가 약간 변했다. 모빌리티는 18세기에 귀족nobility과 대조되는 말로, 쉽게 옮겨 다니고 흥분하는, 움직이는 민중the mobile

---

1 존 어리의 주요 저서인《모빌리티》의 옮긴이 서문에서 역자는 '이동성'이 "저자 어리의 원뜻을 충분히 전달하지 못하는 것 같아서 원어 그대로 '모빌리티'라고 번역했다"라고 썼다. 존 어리,《모빌리티》, 강현수 · 이희상 옮김, 아카넷, 2014, 11~12쪽.
2 존 어리,《모빌리티》, 50쪽.

vulgus의 뜻까지 포함하기 시작했다. 이후 '움직이는 민중'은 모빌리티에서 분화되어 짧게 '군중the mob'이 됐다.[3] 존 어리는《모빌리티 Mobilities》(2007)에서 이러한 의미를 담아 모빌리티(또는 모바일mobile)에 능력, 규모, 계층, 거리의 의미가 내재해 있다고 말했다.[4] 따라서 이를 한국어 '이동성'의 의미로 한정하기에는 무리가 있다. 특히 모빌리티는 '군중'이라는 어원이 스며 있는데, 한국어 '이동성'은 단순히 A 지점에서 B 지점으로 이동하려는 성질만 뜻하고 있어 모빌리티 개념을 대변하기에는 적합해 보이지 않는다. (이 글에서는 확장된 개념을 분명히 하고, 이동을 뜻하는 movement, travel 등의 다른 용어와 차별화하기 위해 '모빌리티'라는 원어를 그대로 사용한다.)

어리는 2000년에 출간한《사회를 넘어선 사회학: 21세기를 위한 모빌리티Sociology beyond Societies: Mobilities for the twenty-first century》에서 이동을 사회적 탐구의 대상으로 연구하면서 처음으로 '모빌리티'를 사회과학 용어로 사용하기 시작했다. 이후 그는 본인 스스로《사회를 넘어선 사회학》의 확장판[5]이라고 말하는《모빌리티》를 출간했다. 여기서 그는 모빌리티 연구가 "교차학문적cross-disciplinary 또는 후기(탈)

---

3 팀 크레스웰,《온 더 무브: 모빌리티의 사회사》, 최영석 옮김, 앨피, 2021, 49~50쪽.

4 존 어리는 모빌리티(또는 모바일)의 네 가지 주요 의미에 주목하는데, ① 이동하거나 이동할 능력이 있음, ② 떼 지어 몰려다니는 무리, 무질서한 집단을 의미하는 군중, ③ 수직적인 지위 계층으로서 사회적 모빌리티, ④ 반영구적인 지리적 이동(국가 간 또는 대륙 간 이동)이 그것이다. 존 어리,《모빌리티》, 31~33쪽.

5 존 어리,《모빌리티》, 34쪽.

학문적post-disciplinary"이라 명명한다.[6] 이는 분과학문의 구획과 경계를 그대로 유지하면서 통합하고 융합하려는 기존의 학제간interdisciplinary 연구가 지닌 근본적인 한계를 극복하기 위해서다. 그는 모빌리티를 통해 다양한 학문적 장을 넘나들며 연구를 수행했다. 고전적인 사회학[7]뿐만 아니라, 다양한 후기구조주의 사상[8]과 최근의 사회과학 이론,[9] 그리고 일리야 프리고진Ilya Prigogine의 복잡계complex system, 앨버트라슬로 바라바시Albert-Láazló Barabási의 네트워크network, 브뤼노 라투르Bruno Latour의 행위자−네트워크 이론Actor-Network Theory; ANT(이하 ANT) 등의 과학기술학STS[10]까지 횡단하며 연구를 진행한다. 그래서 그는 현재의 모빌리티 사유 방식을 '패러다임paradigm'과 '전회turn'라는 용어를 붙여, '새로운 모빌리티 패러다임new mobilities paradigm',[11] '모빌

---

6 존 어리, 《모빌리티》, 50쪽.

7 근대 도시 공간에서 사람과 사물의 이동을 연구했던 게오르크 지멜Georg Simmel, 발터 베냐민 Walter Benjamin, 어빙 고프먼Erving Goffman 등의 고전적인 사회학 이론. 존 어리, 《모빌리티》, 28쪽.

8 미셸 푸코Michel Foucault의 원형감옥panopticon과 통치성governmentality 등의 권력 이론, 질 들뢰즈Gilles Deleuze와 펠릭스 가타리Félix Guattari의 유목주의nomadism, 자크 데리다 Jacques Derrida의 해체론deconstructionism 등.

9 폴 비릴리오Paul Virilio의 '질주학dromologie', 지그문트 바우만Zygmunt Bauman의 '액체 근대 성liquid modernity', 나이절 스리프트Nigel Thrift의 '이동−공간movement-place', 하트와 네그리Hardt and Negri의 제국의 '매끄러운 세계smooth world' 등. 존 어리, 《모빌리티》, 28쪽.

10 과학기술학Science and Technology Studies의 약어 STS는 'Science, Technology and Society(과학−기술−사회)'의 의미로 사용되기도 하며, 과학과 기술·사회가 상호 구성적인 관계에서 어떤 영향을 주고받는지 연구하는 분야이다.

11 어리는 원서에서 new mobilities paradigm이라는 용어를 몇 차례 반복적으로 사용한다(Urry, 2007: 7, 20, 42, 56, 290) 또한 미미 셸러와 함께 발표한 2006년 글의 제목이 '새로운 모빌리티 패러다임'이기도 하다. Sheller. M., Urry. J., "The new mobilities paradigm," *Environment*

리티 패러다임mobilities paradigm', '모빌리티 전회mobility turn'[12] 등으로 번
갈아 지칭한다.[13] 따라서 사회과학 연구에서 말하는 '모빌리티'는 엄
밀히 말해서 '새로운 모빌리티 패러다임'이나 '모빌리티 패러다임', 혹
은 '모빌리티 전회'라 불러야 맞다. 이는 모빌리티가 중요해진 현 시점
에서 이전에도 존재했던 모빌리티와 그 특성이 다름을 드러낼 필요가
있기 때문이다. 존 어리는 다음과 같이 말한다. "이 패러다임이 새롭
게 발생되고 있는 것이 아님을 설명하기 위해 지하subterranean라는 용
어를 사용한다. 현재의 학문적 요새에 불편하게 있는 여러 문서고에
서 발견된 다양한 패러다임적 파편들이 존재한다. 새로운 패러다임은
이 파편들을 그들의 새장에서 나와 날 수 있도록 할 것"이다.[14]

익히 알려졌듯이, '패러다임'은 과학철학자 토머스 쿤Thomas Kuhn의
연구에서 나온 용어로, 과학자들 사이에 공유하는 신념과 가치 · 기
술 등의 총체적 집합을 의미한다. 하지만 많은 사람이 사용하면서 이
제는 일상용어처럼 활용되고 있다. 패러다임 이론은 점진적으로 변환
하는 것이 아니라, 혁명이라 칭하는 단절적인 파열에 의해 기존과는
다른 새로운 패러다임이 등장하게 되고, 이를 통해 과학이 발전한다

---

and Planning A 38, 2006, pp. 207-226.

12 어리는 원서에서 mobility turn(Urry. J., *Mobilities*, Cambridge: Polity, 2007, p. 6)과
   mobilities turn(Urry, *Mobilities*, p. 8, p. 45)을 사용한다.

13 어리는 《Mobilities》에서 이 세 용어 중 mobilities paradigm이라는 용어를 가장 자주 사용한다.

14 학계에서는 이러한 용어의 형성 배경과 사회과학 용어라는 사실을 알고 있다는 전제로 '패러다
   임'이나 '전회'를 생략하고 간단히 '모빌리티'라 칭한다. '모빌리티스mobilities'로 부르기도 하는
   데, 최근에는 '모빌리티'로 통일되는 분위기다. 존 어리, 《모빌리티》, 51쪽.

고 본다. 이때 패러다임의 변화를 '패러다임 전환paradigm shift'이라 부른다.[15] 따라서 '새로운 모빌리티 패러다임'이나 '모빌리티 패러다임'은 모빌리티로 새롭게 사회과학 연구를 총체화하려는 패러다임 전환을 의미한다. 흥미로운 부분은 '전회turn'에 있다. 어리의 《Mobilities》 번역서인 《모빌리티》에서 옮긴이는 'mobility turn'(모빌리티 전회)을 "모빌리티 패러다임 전환"으로 번역한다.[16] 하지만 '패러다임 전환'은 'paradigm shift'[17]로, turn을 이렇게 번역한 것에 관해 숙고할 필요가 있다.

물질적 전회의 흐름 속에서

국내 인문학에서는 'turn'을 번역할 때 '전환'과 '전회' 모두 사용하지만, 근래에는 '전회轉回'로 굳어지는 추세다. 그 까닭은 '전환'이 사유의 수단뿐만 아니라 그 내용까지 바뀔 수 있음을 의미하지만, '전회'는 사유 내용은 변하지 않고 다만 그 수단만 바뀌었음을 의미하기 때문이다. 옮긴이는 변방에 있던 모빌리티가 연구의 핵심으로 재조명되고 있다는 의미를 담아 '전회'를 "패러다임의 전환"으로 번역한 것으로 추측된

---

15 자세한 내용은 토머스 S. 쿤의 《과학혁명의 구조》(김명자 옮김, 까치, 2013.) 참조.

16 예를 들자면, "The mobility turn is post-disciplinary."(Urry. J., *Mobilities*, p. 6)를 "이 모빌리티 패러다임 전환은 후기 학문적이다."(존 어리, 《모빌리티》, 30쪽)로 옮기는 등 mobility turn과 mobilities turn을 '모빌리티 패러다임 전환'으로 번역하고 있다. 다만, 번역서 98쪽에서 mobilities turn을 '모빌리티 전환'으로 번역했다.

17 토머스 S. 쿤, 《과학혁명의 구조》, 김명자 옮김, 까치, 2013, 149쪽.

다. 이 번역은 전체적인 맥락에서 무리가 없을 뿐만 아니라, 어리 또한 'paradigm(패러다임)'과 'turn(전회)'을 섞어 쓰고 있기 때문에 완전히 잘 못됐다고 말하기 힘들다. 게다가 '전회'라는 용어가 20세기 철학사의 대표적 사건이라 할 수 있는 '언어적 전회linguistic turn'의 출현 이후 널리 쓰이기 시작[18]하면서, 여러 논자가 다양한 운동이나 개념 변화에 유행어처럼 '전회'를 붙이고 있는 실정이다. 어쩌면 어리 또한 '전회'를 개념의 엄밀성으로 접근하기보다는 단순히 '모빌리티로의 사유 방식 전환' 정도로 가볍게 사용했을 가능성도 있다. 그래서 어리가 '패러다임'과 '전회'를 교차해서 사용한 것이나, 'turn(전회)'을 '패러다임 전환'으로 번역한 것을 지적하는 행위 그 자체가 너무 과민반응일지도 모른다.

　그럼에도 불구하고 이 부분을 살펴보는 것은 의미가 있다. 그 까닭은 새롭게 사유 방식을 전환하려는 '물질적 전회material turn'가 지금의 인문학에 새로운 흐름을 형성하고 있는데, 모빌리티가 이러한 '물질적 전회'와 맞닿는 부분이 있기 때문이다. '전회'에 관한 탐색은 고대 및 중세의 '존재론'이 근대에 '인식론적 전회epistemological turn'로, 현대

18　'언어적 전회'라는 용어를 처음 사용한 사람은 귀스타브 베르그만Gustav Bergmann으로 1960년 스트로슨Strawson의 《개별자Individuals》라는 책의 서평을 쓸 때 사용했다. 하지만 이 용어가 세상에 널리 알려진 것은 리처드 로티Richard Rorty가 1967년 자신이 편집한 책의 제목으로 이 용어를 사용하면서부터다. 책의 제목은《언어학적 전회: 철학적 방법론에 대한 최신 논설The Linguistic Turn: recent essays in philosophical method》로 철학자 37명의 논문이 실려 있다. 최용호, 〈언어학적 전회와 그 '이후'〉, 《불어불문학연구》 123, 2020, 386쪽.

에 '언어적 전회'로, 그리고 현재의 '물질적 전회'로 이어지는 맥락 속에 모빌리티를 다른 측면으로 바라볼 수 있게 한다. 전회는 패러다임과는 결이 다른 모빌리티의 성격을 드러내며 논의를 더욱 풍부하게 이끌어 갈 개념이 될 수 있다.

지난 수십 년 동안 넓은 의미의 인문학을 지배하던 사유 방식은 '전회'를 유행시킨 '언어적 전회'였다. 우리가 세계를 인식할 수 있는 것이 언어, 담론, 표상, 텍스트, 이데올로기를 통해서일 뿐이라는 주장이 줄곧 받아들여져 왔다.[19] 현실에 접근하는 인식 과정이 매개를 통해야만 하고, 그 인식은 다시 언어를 통해서만 가능하다는 생각이 오랫동안 주류의 사유 방식이었다. 이 생각은 지금껏 자연적·생물학적·기술적이라고 여겨 온 것들이 실상은 사회역사적·정치적·문화적 구성물이며, 언어적 인식의 산물이라는 사유를 널리 퍼뜨렸다. 이때부터 존재론은 '언어의 감옥'에 갇히게 됐다. 이런 상황에서 언어적 전회에 반발하는 '물질적 전회'—'존재론적 전회'라고 지칭하기도 한다—가 등장했다. 물질을 수동·불변·정태적인 '대상'이 아니라, '주체'로서 생기·능동성·생산성·행위자성 등을 지니고 있는 존재자로 보는 것이다. 이러한 물질적 전회의 흐름을 타고 많은 이론이 등장했는데, 일반적으로 '신유물론new materialism' 범주에 포함되는 이론들이다.[20]

---

19 서동진, 〈존재론적 (비)유물론의 매혹 혹은 그것은 충분히 유물론을 쇄신하고 있을까〉(해제), 그레이엄 하먼, 《쿼드러플 오브젝트》, 주대중 옮김, 현실문화, 2019, 256쪽.

20 신유물론의 범주에는 이후 본문에서 언급할 ANT, '생기적 유물론', '어셈블리지 이론', '객체지

물질 속에서 물질들에 의존하며 물질로 살아가는 인간이 인간 너머의 '존재', 즉 비인간non-human 존재의 역량을 발견했고, 인간과 비인간 모두를 포괄하는 물질 자체에 관심을 두기 시작했다. 이러한 사유의 변화를 물질적 전회라 부른다. 앞서 말했듯이 모빌리티는 물질적 전회와 여러 부분에서 맞닿아 있다. 어리는 '포스트휴먼post-human' 개념을 도입하고,[21] 라투르의 ANT와 해러웨이Donna Haraway의 '사이보그cyborg', 들뢰즈의 '리좀rhizome' 등의 논의를 반영하여 모빌리티 시스템의 '물질성materiality'과 '혼종성hybridity'을 거듭 강조했다.[22] 그가 주장한 모빌리티는 사람·사물·정보의 이동뿐만 아니라, 이것을 가능하게 하는 기차·자동차·비행기·모바일 기기·인터넷 시스템 등과 같은 테크놀로지와 사회적 관계의 유동성, 즉 도시 구성과 인구 배치의 변화, 노동과 자본의 변형, 권력이나 통치성의 변용 등까지 포함하는 다층적인 개념이다. 즉, 이동의 다양한 유형, 속도, 상징 등에 관한 확장된 개념이다. 이 확장된 개념은 특히 이동의 연결성과 관계성을 강조한다. 어리는 기존의 인본주의를 벗어나 인간이 다양한 사

향 존재론'뿐만 아니라, 퀑탱 메이야수Quentin Meillassoux가 처음 주장하고 이언 보고스트Ian Bogost·티모시 모튼Timothy Morton·레비 브라이언트Levi R. Bryant 등이 이끌고 있는 '사변적 실재론speculative realism', 캐런 바라드Karen Barad의 '행위적 실재론agential realism', 해러웨이와 바라드, 브라이도티Rosi Braidotti 등으로 대표되는 페미니스트 유물론Feminist Materialism 등이 포함된다. 이준석·김연철, 〈사회이론의 물질적 전회: 신유물론, 그리고 행위자-네트워크 이론과 객체지향존재론〉, 《사회와이론》 35, 2019, 11~13쪽; 김환석, 〈사회과학의 새로운 패러다임, 신유물론〉, 《지식의 지평》 25, 2018, 5쪽.

21 존 어리, 《모빌리티》, 97~98쪽.
22 강현수·이희상, 〈존 어리의 모빌리티 패러다임〉(해제), 존 어리, 《모빌리티》, 아카넷, 2014, 583쪽.

물과 기술—시계, 기차, 자동차, 건물, 도로, 도구, 기계, 정보기기, 인터넷, 시간표 등—과의 위계적 질서 없는 '평평한 존재론flat ontology'의 '복잡한 결합체complex assemblage'를 형성한 점을 중요하게 본다. 그는 모빌리티가 일종의 복잡계complex system(혹은 복잡적응계complex adaptive system)를 형성한다고 보는데, 이 이론의 초기적 접근을 위해 지멜Georg Simmel의 생기론vitalism을 불러온다. "그〔지멜〕는 어떻게 **사물들**이 그들의 의미를 서로와의 관계 속에서 찾는지, 그리고 그들이 관여되어 있는 관계의 상호성이 그들의 양태와 방식을 구성하는지'에 대해 설명한다."[23] 그 뒤로 '기타 이론적 자원들'이란 소제목에서 '움직이는 물질Materials on the move'이라는 절 제목을 붙이고, 다음과 같이 서술한다. "여행, 이주, 소속에 관한 연구는 문화적 사물이 어떻게 변화무쌍하게 움직이는지, 그리고 그 과정에서 문화적 사물의 의미가 어떻게 형성되는지 보여 준다. **다양한 종류의 사물**이 존재하며, 장소 사이를 움직이는 과정에서 그들은 그들의 가치를 가변적으로 획득하거나 상실한다. 사물은 장소를 변덕스럽게 바꾸며 소속과 기억의 재구성에 관여한다."[24] 또한, '모빌리티 전회'를 직접 언급하며 설명하는 부분에서는 다음과 같이 서술한다. "모빌리티 전환(모빌리티 전회)은 탈육체화된 코기토, 특히 물질세계로부터 독립된 방식으로 생각하고 행동할 수 있는 인간 주체를 제시하는 **인본주의를 비판**한다. … '인간'의 힘이 항

---

23   존 어리, 《모빌리티》, 61~62쪽, 인용자 강조.
24   존 어리, 《모빌리티》, 82쪽, 인용자 강조.

상 다양한 물질세계, 즉 의복, 도구, 사물, 통로, 건물 등의 세계에 의해 증강된다는 점을 전제로 한다."[25] 이러한 서술들을 통해 우리는 그가 모빌리티가 지닌 사물들의 역능puissance, power[26]과 그 관계성에 주목하고 있음을 알 수 있다.

'모빌리티 전회'라는 용어가 등장하는 시점도 시사하는 바가 있다. 모빌리티 전회는 서문격인 제1장에 등장한 이후 오직 한 번 재등장한다. 초반부 이후 원서 45쪽(번역서 98쪽)에서 등장하는 '모빌리티 전회'는 '포스트휴먼' 논의와 함께 나오는데, 인본주의 비판과 물질의 역능을 강조하는 부분이다. 어리의 글에 나타난 이러한 언급들은 물질적 전회를 상기시킨다. 그가 의식적이든 무의식적이든 '전회'라는 용어를 사용한 것은 물질적 전회라는 새로운 흐름에 직간접적으로 영향을 받았기 때문이라고 추측할 수 있는 부분이다. 더불어 모빌리티의 성격이 물질적 전회의 파생 이론과 중첩되는데, 이는 모빌리티가 일정 정도 이 흐름을 타고 있음을 보여 준다. 물질적 전회의 흐름에 포함되는 이론 중에는 라투르의 'ANT', 신생기론이라 말할 수 있는 정치학자 제인 베넷Jane Bennett의 '생기生氣적 유물론vital materialism', 부분들이 전체성으로 통일되지 않으면서도 그 부분들이 집합(결합)하며 계속 다른 부분들이 새롭게 추가될 수 있다는 마누엘 데란다Manuel

---

25 존 어리, 《모빌리티》, 98~99쪽, 인용자 강조.

26 들뢰즈의 니체 독해로부터 나온 용어로, 니체에게 역능은 어떤 메커니즘이나 측정으로 환원 불가능한 것이며, 지식 영역 바깥에 있다.

DeLanda의 '어셈블리지 이론assemblage theory', 객체들이 맺는 관계에 주목하는 '객체지향 존재론object-oriented ontology·OOO' 등이다. 이러한 이론들은 어리가 말하는 모빌리티의 성격, 즉 복잡성, 혼종성, 생기론적 특성, 물질성, 결합체 등과 부분적으로 그 내용이 겹친다. 이러한 상황들은 모빌리티가 물질적 전회의 흐름 안에 있음을 보여 준다.

모빌리티 자본과
불균등 모빌리티

모빌리티는 서구 휴머니즘 전통 속에서 발전해 온 사회과학, 즉 기존의 '사회적인 것the social'이라는 협소하고 인간중심적인 사유 방식에서 벗어나 인간과 비인간이 공동 구성co-construction하는 '사회물질적인 것the sociomaterial'을 연구하는 측면이 분명히 있다. 하지만 그렇다고 해서 모빌리티 연구가 사물들의 역능을 중심으로 세계를 파악하는 신유물론 연구의 한 갈래라고 보기는 힘들다. 물질적 전회의 흐름을 타고 있는 것은 분명하지만, 존재론적 사유로만 치우쳐 있는 것은 아니기 때문이다. 여전히 인식론적 사유가 그 개념 안에 배어 있다. 어쩌면 당연한 일인지도 모른다. 모빌리티가 '교차학문적/후기(탈)학문적' 연구를 지향하기 때문이다. 모빌리티 연구는 학제를 횡단하면서 연구를 진행하기 때문에 규정하는 것 자체가 그 성격을 상실케 할 수 있다.

모빌리티 연구는 그 한 축에서 '움직이는 물질'의 역능을 탐구하고, 다른 한 축에서 그 물질들에 접근할 수 있는 능력이나 제한되는 상황이 낳는 '이동/부동의 불평등'을 논한다. 후자를 한마디로 말하면 '모빌리티 불평등'이다. 모빌리티는 상호작용하는 다양한 사물이 서로 느슨하게 접속하여 구성한 집합체로서 세계를 드러낼 뿐만 아니라, 그것이 지닌 함의, 즉 모빌리티 불평등까지 도출해 낸다. 어리는 모빌리티 불평등을 자신이 창안한 사회적 자본인 '네트워크 자본'이란 개념으로 드러낸다. 그리고 어리와 함께 모빌리티 연구를 했던 미미 셸러Mimi Sheller는 《모빌리티 정의Mobility Justice》(2018)를 통해서 불균등한 모빌리티uneven mobility와 모빌리티 정의의 문제를 집중적으로 다뤘다. 모빌리티는 사회적 불평등을 낳고 강화하는 사회적 자본이 되기도 한다. 우리는 사회적 자본이 된 모빌리티의 양상을 살펴볼 필요가 있다.

모빌리티 자본의 형성: 모틸리티 자본과 네트워크 자본

자본주의 체제에서 인간이 사물과 관계 맺는 방식을 사회적인 관계라고 생각하는 경향이 있다. 이것은 마르크스의 상품 물신숭배 분석에서 출발한 사유 방식이다.[27] 우리가 상품을 구매할 때 하나의 사물을 구매하는 것이 아니라, 생산과 분배 · 소비가 포함된 사회적 관계

---

27 Marx. K., *Capital: Volume 1*, New York: Peguin Classics, 1990, p. 165.

들의 네트워크에 참여한다는 의미다. 이렇게 사유하는 부류(비판 이론)는 사물의 역능이 실제적으로 경제적인 것, 사회적인 것, 혹은 문화적인 것의 위장된 힘에 불과하다고 여긴다.[28] 마르크스의 상품 물신숭배에 영향을 받은 비판 이론은 사물들, 즉 물리적 행위주체들을 사회적 의미로 환원함으로써 그들을 보이지 않게 한다. 물리적 행위주체를 감추는 것은 인식론적 사유 방식이다.

어리도 "마르크스의 상품 물신주의 비판과 유사한 방식으로 '이동의 물신주의fetishism of movement'를 비판할 수 있다"고 말한다.[29] 마르크스의 물신주의와의 차이점은 사물(상품)이 아니라 역량(이동)이 그 대상이 된다는 점이다. 어리는 사회적 불평등이 구조화되고 더 강화되는 것을 행동·가치·재화의 '접근성access' 문제로 보는데, 접근성은 결국 '역량'과 관련된다. 그가 자본주의 체제에서 모빌리티가 지닌 자본의 속성을 단순하게 '모빌리티 자본'이라 명하지 않고 '네트워크 자본network capital'이란 개념으로 구체화한 이유가 짐작되는 대목이다. 그는 "모빌리티가 그 자체로는 아무것도 할 수 없다는 점을 강조하기 위해 네트워크 자본 개념을 가려오려고 한다"고 말한다.[30] 어리는 새로운 모빌리티 시스템이 만들어 내는 모빌리티의 확산보다 "새로운 순환 수단이나 순환력이 생산할 수 있는 새로운 사회적 관계나 교제

---

28 레비 R. 브라이언트, 《존재의 지도》, 김효진 옮김, 갈무리, 2020, 19~20쪽.

29 존 어리, 《모빌리티》, 356쪽.

30 존 어리, 《모빌리티》, 355쪽.

관계"를 중요하게 보며,[31] 그래서 네트워크 자본을 다른 말로 '순환의 사회관계social relations of circulation'라고 말하기도 한다.[32] 결국 어리가 말하는 네트워크 자본은 모빌리티의 확산에 따른 '사회적 관계를 만들 수 있는 역량', 즉 '모빌리티 시대의 사회적 자본'이다.

사회적 자본social capital은 원래 프랑스 사회학자 부르디외Pierre Bourdieu와 미국의 사회학자 제임스 콜먼James Coleman에 의해 체계화된 개념으로, 이후 미국의 정치사회학자 퍼트넘Robert Putnam 등에 의해 확장·응용되면서 여러 분야에 널리 사용되었다.[33] 마르크스는 주로 경제 자본에만 관심을 두었지만, 부르디외는 문화적 자본, 사회적 자본, 상징적 자본 등에 관심을 뒀다. 그는 문화적 자본 개념을 발전시켜 나가다 1983년에 사회적 자본이라는 개념을 도입했다.[34] 그후 콜먼이 1988년 〈인적 자본 창출 속의 사회적 자본Social Capital in the Creation of Human Capital〉이라는 논문에서 인적 자본 개념과 관련하여 이 개념을 도입했다. 이에 따라 부르디외는 '문화적 자본-사회적 자

31 존 어리,《모빌리티》, 356쪽.

32 Urry J., *Mobilities*, p. 197.

33 김상준,〈부르디외, 콜만, 퍼트넘의 사회적 자본 개념 비판〉,《한국사회학》38(6), 2004, 64쪽.

34 부르디외는 사회적 자본을 다음과 같이 정의했다. "사회적 자본이란 현실적 또는 잠재적 자원의 집합으로서의 상호 면식과 인식이 제도화되고 지속화된 관계망을 소유하는 것―즉 특정 집단에의 멤버십―과 연결되어 있다. 그러한 제도화된 관계망은 집단적으로 소유된 자본의 후원, 즉 신용을 부여해 주는 보증을 소속원에게 제공한다." Bourdieu. P., "The Forms of Capital." in J. G. Richardson (ed.), *Handbook of Theory and Research for the Sociology of Education*. Westport, Greenwood Press: CT, 1986, pp. 248-249; 김상준,〈부르디외, 콜만, 퍼트넘의 사회적 자본 개념 비판〉, 69쪽, 재인용.

본' 개념이고, 콜먼은 '인적 자본-사회적 자본' 개념이라 할 수 있다.[35] 한마디로 전자는 프랑스식 사회적 자본 개념이고 후자는 미국식 사회적 자본 개념이다. 이 개념을 정치, 문화 쪽으로 확장한 사람이 퍼트넘이다. 미국의 정치사회학자인 퍼트넘은 주로 콜먼의 사회적 자본 개념을 받아들여 발전시켰다. 그는 사회적 자본을 "구성원들이 협력을 통해 공유 목적을 효과적으로 달성하게 만드는 신뢰, 규범, 네트워크와 같은 사회조직의 특질"로 봤다.[36] 어리는 부르디외와 퍼트넘의 이론을 발전시켜 자신의 '네트워크 자본' 개념을 정립한다(여기에 콜먼의 사회적 자본 개념은 등장하지 않는다). 그는 부르디외의 경우, "사회 투쟁을 이해하는 데에 매우 국가중심적이며, 지나치게 정태적"이고, "투쟁과 이해관계에 관한 반인종적이고 비윤리적인 개념을 드러낸다"라고 비판하고,[37] 퍼트넘의 경우, "단지 소규모 공동체만이 대면 접촉의 근접성과 신뢰 관계를 창출할 수 있다고 가정"하기에 만족스럽지 못하다고 평가한다.[38] 그러면서 자신의 네트워크 자본이 "반드시 인접해 있지는 않지만, 감정적·재정적·실제적인 혜택을 가져다주는 사람들과의 사회관계를 만들고 유지하는 역량"으로서,[39] 두 사

---

35 김상준, 〈부르디외, 콜만, 퍼트남의 사회적 자본 개념 비판〉, 66~67쪽.

36 Putnam. R. D., "Turning In, Turing Out: The Strange Disappearance of Social Capital in America," *Political Science and Politics* 28-4, 1995, pp. 664-683; 이상봉, 〈모빌리티의 공간정치학: 장소의 재인식과 사회관계의 재구성〉, 《모빌리티 사유의 전개》, 앨피, 2019, 63쪽, 재인용.

37 존 어리, 《모빌리티》, 353쪽.

38 존 어리, 《모빌리티》, 363쪽.

39 어리는 네트워크 자본이 여덟 가지 요소로 구성되어 있다고 말한다. ① 일련의 적절한 문서, 비

회적 자본보다 더 나은 개념임을 설명한다. 어리는 모빌리티 그 자체보다 "모빌리티의 사회적 결과"[40]를 중심에 둔다. 모빌리티가 발전시킨 복합적이고 상호 교차하는 논쟁의 장場, 이제는 자기 스스로 확장하고 새로운 자본을 발생시키는 "순환의 사회관계"를 네트워크 자본이라 말한다.

앞서 언급했듯이, 어리는 "모빌리티가 그 자체로는 아무것도 할 수 없다"고 말한다.[41] 그렇다면 그의 말처럼 모빌리티 그 자체로는 자본을 말할 수 없는가? 카우프만Vincent Kaufmann의 '모틸리티motility'[42] 개념을 보자. 그는 '자본으로서 모빌리티mobility as capital'를 말한다.[43] 이 개념은 모빌리티 불평등을 부각시키기 좋은 개념이다. 카우프만은

자, 돈, 자격증 등, ② 먼 거리에 떨어져 있는 타인들(직장 동료, 친구, 가족 구성원), ③ 이동 역량, ④ 위치에 구속받지 않는 정보와 접촉 지점, ⑤ 통신 장비, ⑥ 적절하고 안전한 모임 장소, ⑦ 자동차 도로 공간, 연료, 엘리베이터, 비행기, 기차, 배, 택시, 버스, 전철, 소형 버스, 이메일 계정, 인터넷, 전화 기타 등에 대한 접근성, ⑧앞의 1번에서 7번까지를 관리하고 조율하기 위한 시간 및 그 밖의 다른 자원들. 존 어리, 《모빌리티》, 357~358쪽.

40 존 어리, 《모빌리티》, 355쪽.

41 존 어리, 《모빌리티》, 355쪽.

42 모틸리티는 생물학과 의학에서 유기체가 움직일 수 있는 능력(예: 물고기의 운동성)을 가리키는 용어로, 사회학에서는 이동할 수 있는 능력을 설명하기 위해 바우만이 《액체근대Liquid Modernity》(2000)에서 사용했다. ; "자본은 신속히, 가볍게 여행할 수 있고, 그 가벼움과 운동성 motility은 다른 모든 것들 입장에서는 영구적 불확실성의 근거가 되어 버렸다. 이것이 오늘날 지배의 기초이고 사회 분화의 주요 요인이다"라고 언급한다. 지크문트 바우만, 《액체근대》, 이일수 옮김, 강, 2009, 196쪽, 인용자 강조.

43 Kaufmann. V., Re-thinking Mobility: contemporary Sociology, Ashgate: Aldershot, 2002; Kaufmann. V., Bergman. M, and joye. D., "Motility: mobility as capital," International Journal of Urban and Regional Research 28-4, 2004, pp. 745-756; Kaufmann. V., Audikana. A., "Mobility Capital and Motility," Handbook of Urban Mobilities, New York: Routledge, 2020.

'모틸리티'를 상품이나 정보, 사람과 같은 실체들entities이 사회적·지리적 공간을 이동할 수 있는 능력이나 이러한 실체들이 상황에 따라 사회적·공간적 모빌리티에 접근하여 사용할 수 있는 가능성이라고 정의한다.[44] 쉽게 말해서 모빌리티 역량이라고 말할 수 있다.[45] 카우프만은 모틸리티가 다른 자본, 즉 경제적·문화적·사회적 자본을 연속적으로 움직이도록 활성화하는 데 기여하고 있다면서, 모빌리티 그 자체로 '자본'의 한 형태가 되었다고 본다.[46] 어떤 사람의 이동성은 다른 사람의 부동성을 희생시키면서 발생한다. 지리학자 스빙에다우 Erik Swyngedouw는 "각 개인에게 모빌리티의 증가는 사회적·경제적·정치적·문화적인 힘을 유지하는 데 필수적이지만, 그 반대도 마찬가지다. 우리는 한 개인의 모빌리티가 증가하는 것이 다른 모든 개인의 모빌리티를 감소시킬 수 있는 조건에 가까이 가고 있다"라고 했다.[47] 이것은 바우만이 현대 생활의 은유로 묘사했던 '관광객'과 '방랑자'의 모습이다. 카우프만은 모틸리티, 즉 모빌리티 역량의 보유와 그 증감 역학 관계를 통해 경제적·정치적·문화적·사회적 불평등으

44　Kaufmann. V., Bergman. M, and joye. D., "Motility: mobility as capital," p. 750.

45　모틸리티는 '접근access', '능력competence', '전용appropriation'이라는 세 가지 층위의 요소로 구성되며, 이 요소들은 모두 사회적·문화적·경제적·정치적 과정과 연관되어 있고, 모빌리티를 성립시키는 내재된 구조물이다. Kaufmann. V., Bergman. M, and joye. D., "Motility: mobility as capital," pp. 750-751.

46　Kaufmann. V. Audikana. A., "Mobility Capital and Motility," pp. 42-43.

47　Swyngedouw. E., "Communication, mobility and the struggle for power over space," in G. A. Giannopoulos and A. E. Gillespie (eds.), *Transport and Communications Innovation in Europe*, London: Belhaven Press, 1993, p. 320.

로 이어지는 양상을 보여 준 바 있다.

그렇다고 '모틸리티'가 모빌리티 연구와 다른 범주의 논의는 아니다. 어리는 '모틸리티'를 '이론적 자원들'의 하나로 다루면서 모빌리티 연구의 내부로 끌어들였다.[48] 그런데 유념할 점은 그가 모틸리티를 설명하는 마지막 부분에서 마치 정식 개념인 것처럼 여러 차례 '모틸리티 자본motility capital'이라는 용어를 사용한다는 사실이다.[49] 카우프만은 '운동 자본movement capital'이나 간혹 '모빌리티 자본'이라는 용어를 사용했지만, '모틸리티 자본'을 사용하지는 않는다. 더불어 '모틸리티'를 '운동 자본'이나 '모빌리티 자본'과 완전히 동일한 개념으로 보는 것 같지도 않다.[50] —모틸리티와 모틸리티 자본, 운동 자본, 모빌리티 자본이 상호 교환되는 개념인 것처럼 혼용해서 사용하는 것은 논의의 명확성을 낮추는 결과를 초래할 것이다. 차후에 그것들의 층위와 개념 규정에 관한 면밀한 검토가 필요해 보인다.[51] — 그렇다면 '모틸

---

48 존 어리, 《모빌리티》, 89~90쪽.

49 Urry J., *Mobilities*, p. 39.

50 movement capital은 〈모틸리티: 자본으로서의 모빌리티Motility: Mobility as Capital〉에서 언급되고(Kaufmann, Bergman, Joye, 2004: 752), mobility capital은 〈모빌리티 자본과 모틸리티Mobility Capital and Motility〉에서 등장한다. Kaufmann. V. Audikana. A., "Mobility Capital and Motility," p. 41, p. 43-44.

51 이상봉은 모틸리티를 "모빌리티 자본으로 기능한다"라고 하여, 모빌리티 자본의 한 특성으로 모틸리티를 보지만, 윤신희의 경우, 카우프만이 "'movement capital' 또는 'motility capital'이라는 용어로 모빌리티 자본을 설명하고 있다."라고 하면서 모틸리티 논의를 모빌리티 자본과 직접 연결한다. 이 때문에 모틸리티와 모빌리티 자본을 동일하게 보는 인상을 받는다. 이상봉, 〈모빌리티의 공간정치학: 장소의 재인식과 사회관계의 재구성〉, 58쪽; 윤신희, 〈모빌리티스 개념에 관한 지리학적 성찰〉, 《모빌리티와 생활세계의 생산》, 앨피, 2019, 51~58쪽.

리티 자본'은 잘못된 용어인가? 단순히 그렇게 말하기도 힘들다. 카우프만이 '자본으로서 모틸리티motility as capital'[52]라는 표현을 자주 사용했기 때문에, '모틸리티 자본'은 카우프만의 정식 개념이라 할 수 없다. 그리고 '자본으로서 모틸리티'와 약간의 어감 차이를 가지고 있기도 하다. 하지만 '모틸리티 자본'을 사용하는 것이 의미를 호도한다고 보기는 힘들다. 당연히 개념의 엄밀성을 따진다면 문제가 전혀 없는 것은 아니지만 말이다. (여기서는 오류의 가능성을 감수하면서 편의를 위해 어리의 해석, 혹은 평가로서 '모틸리티 자본'이라는 용어를 사용한다.)

어리는 자신이 제안한 '네트워크 자본'과 '모틸리티 자본'의 관계를 다음과 같이 말한다. "나는 모틸리티 자본의 개념을 '네트워크 자본'이라는 관련 개념으로 발전시켜 모빌리티 패러다임을 사회공간적 불균등 문제와 연결시킨다."[53] 여기에서 시사하는 바는 두 가지다. 첫째, 네트워크 자본이 모틸리티 자본을 발전시킨 개념이라는 점과 둘째, 모틸리티 자본이 모빌리티 불균등 문제, 즉 모빌리티 불평등에 연결시키기 좋은 개념이라는 점이다. 다시 말해서 네트워크 자본은 모빌리티와 관련된 사회적 자본, 즉 '사람들과 관계 맺음' 속에서 획득되는 자본에 관한 (모틸리티 자본을 포함하는) 포괄적 개념이고, 모틸리티 자본은 모빌리티의 불평등한 자본 행태를 드러내는 데 효과적인 개

---

52 '자본으로서 모빌리티mobility as capital'를 사용하기도 하지만, '자본으로서 모틸리티mobility as capital'를 자주 사용한다.

53 존 어리, 《모빌리티》, 90쪽.

넘이라는 것이다. 어리는 모틸리티 자본을 네트워크 자본의 하위 개념으로 여기는 모습을 보이지만, 나는 그러한 입장에 반대한다. 두 자본은 바라보는 시각이 다르기 때문이다. 네트워크 자본은 '사회관계'에, 모틸리티 자본은 '이동 능력'에 중점을 둔 개념으로, 두 개념은 중심축과 자본 형성 맥락이 다르다. 따라서 모틸리티 자본과 네트워크

표 1 사회적 자본의 변화와 모빌리티 자본의 형성 과정

형태	주요 개념	주요 학자	핵심 내용
사회적 자본	문화적 자본–사회적 자본	부르디외	• 자본 개념 비판 • 사회적 자본은 네트워크 자본 • 현대사회의 계급적 차등이 문화적·교육적 가치의 차등적 전수를 통해 재생산
	인적 자본–사회적 자본	콜먼	• 자본 개념 강화 • 인적 자본 개념 도입 • 한계효용이론을 인간관계와 사회제도에 적용
	공공적 자본–사회적 자본	퍼트넘	• 콜먼의 사회적 자본 개념 계승 • 호혜성의 규범으로 개인들 사이의 연계를 통한 사회적 네트워크 • 소규모 지역 공동체만이 대면 접촉의 근접성과 신뢰 관계 창출 • 공적인 사회적 활동과 관계를 중시
모빌리티 자본	사회적 자본–모틸리티 자본	카우프만	• 이동할 수 있는 능력인 모틸리티를 새로운 자본으로 개념화 • 부르디외의 자본 개념 비판을 기초로 모빌리티 불평등 가시화 • 모빌리티 역량 그 자체가 '자본'의 한 형태임을 드러냄 • 다른 자본을 연속적으로 움직이도록 활성화하는 데 기여
	사회적 자본–네트워크 자본	어리	• 부르디외와 퍼트넘의 이론을 발전시켜 '순환의 사회관계'로서 네트워크 자본 개념 정립 • 공적 영역의 이동보다 사적 영역의 이동과 관계에 초점 • 모빌리티가 발전시킨 복합적이고 상호 교차하는 장場에 주목 • 다른 자본을 보완하고 증강시킬 수 있는 자본

출처: 김상준, 〈부르디외, 콜만, 퍼트남의 사회적 자본 개념 비판〉(2004); 윤신희, 〈모빌리티스 개념에 관한 지리학적 성찰〉(2019) 및 저자 재구성

자본은 위계 관계에 있지 않으며, 이 둘은 모빌리티에 방점을 둔 자본 형태라는 면에서 거시적인 범주인 '모빌리티 자본'이라는 용어로 묶을 수 있다고 생각한다.

이동/부동의 다중 스케일과 모빌리티 정의

관광객과 방랑자는 바우만이 사용한 유목민nomads의 메타포로, 어리 또한 이 용어를 사용하여 유동성과 유목주의를 설명하고 모빌리티의 위계성을 보여 준다. 모빌리티를 연구하는 인문지리학자 팀 크레스웰Tim Cresswell은 유목주의(유목적 형이상학)가 모빌리티를 지나치게 추상적이고 보편적인 의미로 만든다고 비판할 뿐만 아니라, 식민권력관계가 유목주의의 이미지를 생산했다고 말한다. 그래서 "유목민이라는 용어는 신식민주의적인 상상의 일부로 쓰일 때가 많다"고 말한다.[54] 한마디로 유목민을 낭만화하면 안 된다는 것이다. 그런데 어리는 '방랑자'를 그저 목적지 없는 순례자나 여행 계획이 없는 떠돌이로, '관광객'을 세계를 놀이의 대상으로 자신의 의미를 형성하는 자유로운 여행자 정도로 말한다. 이 두 유형을 모두 단순히 다른 사람들의 장소로 이동하는 사람처럼 취급한다.[55] 바우만은 관광객과 방랑자를 메타포로 사용해 모빌리티가 지닌 위계성을 비판하지만, 어리는 이 메타

---

54 팀 크레스웰, 《온 더 무브: 모빌리티의 사회사》, 112쪽.
55 존 어리, 《모빌리티》, 79쪽.

포가 지닌 진정한 의미에 대해 짧게 언급하는 수준에 머물고 만다.[56]

　관광객과 방랑자의 메타포는 그저 이동하는 사람을 의미하는 것이 아니다.[57] 바우만은 떠돌이wanderer거나 그럴 가능성이 높아진 현재의 모든 사람에게 '유목민'이 유행어처럼 사용되지만, 이 용어 때문에 두 종류의 경험에 관한 심오한 차이가 흐려진다고 말한다.[58] 그 두 종류의 경험은 모빌리티 계층의 상부와 하부이며, 그것의 메타포가 바로 관광객과 방랑자다. 지구화가 낳은 유복한 소수인 모빌리티 상류층은 관광객으로 시간과 거리를 쉽게 극복할 수 있는 부류다. 반면 모빌리티 하류층인 방랑자는 게토화된 제한구역에서 살고, 그곳을 벗어나기 어렵다. 관광객은 언제나 마음대로 떠날 준비가 되어 있지만, 방랑자는 이동하도록 압박받고 강요당하고 배치된다. 방랑자는 가만히 있어야 하는 사람일 뿐만 아니라 강제적으로 움직여야 하는 사람이기도 하다. 따라서 관광객과 방랑자는 그저 각기 목적이 다른 이동하는 사람이라는 의미가 아니라, 이동할 수 있는 자유 혹은 이동하지 않을 자유를 가진 사람(관광객)과 그것을 가지지 못한 사람(방랑자)에 대한 은유다. 따라서 모빌리티 불평등은 이동의 불평등뿐만 아니라 부동의 불평등까지 포함한다. 그래서 셀러는 '모빌리티 정의'를 말하기

56　존 어리, 《모빌리티》, 364쪽.

57　바우만의 《지구화Globalization》(1998) 4장 '관광객과 방랑자Tourists and Vagabonds'에 잘 나와 있다. Bauman. Z., *Globalization: The Human Consequences*, Columbia University Press: New York, 1998, pp. 77-102.

58　Bauman. Z., *Globalization: The Human Consequences*, p. 87.

위해 모빌리티와 부동성을 결합한 '(im)mobility'(이하 (임)모빌리티)라는 용어를 사용했다.[59] "권력을 쥐지 않은 이들은 자기의 이동과 머묾을 스스로 결정할 수 없다."[60]

재닛 울프Janet Wolff는 "자유롭고 평등한 모빌리티를 제안하는 것이 그 자체로 기만이다"라고 말한다.[61] 규제와 통제의 규칙, 관습, 제도 등의 사회적 시스템과 관계없는 모빌리티란 있을 수 없다. 모빌리티 배제에는 '자유주의적' 시민사회의 기초를 이루는 가부장제·인종적 지배·식민주의·성차별·능력주의 등의 폭력적인 역사적 맥락이 스며 있어 불평등한 사회관계를 스스로 재생산하며, 이것은 결국 차별의 강화로 이어진다. 그래서 모빌리티 연구를 함께했던 어리와 셸러는 처음부터 "이동 시스템이 어떤 권력 형태를 이루는지, 그런 권력 형태가 어떻게 사회 변형의 기반이 되는지, 그리고 사회 변형이 지식 체계나 존재론에 어떻게 나타나는지에 초점"을 맞췄다.[62] 모빌리티 불평등은 '(임)모빌리티'의 권리 아래 숨어 있는 권력관계를 분석할 때 그 민낯을 알 수 있는 것이다.

---

59 "모빌리티와 부동성이 항상 연결되어 있고, 관계 맺고 있으며, 상호 의존적이며, 따라서 우리는 언제나 이를 이항대립이 아니라 역동적인 다중 스케일multi-scales, 동시적 실천, 관계적 의미의 배치로서 함께 사고해야 한다는 것을 알리기 위해 나는 '모빌리티/부동성(im)mobility'이라는 용어를 사용할 것이다"(셸러, 2019: 36-37). 이 글에서는 '모빌리티/부동성(im)mobility'을 '(임)모빌리티'로 표시할 것이다.

60 미미 셸러, 《모빌리티 정의》, 최영석 옮김, 앨피, 2019, 14쪽.

61 Morley. D., *Home Territories: Media, Mobility and Identity*, London: Taylor & Francis, 2000, p. 68; 피터 애디, 《모빌리티 이론》, 최일만 옮김, 앨피, 2019, 186쪽, 재인용.

62 미미 셸러, 《모빌리티 정의》, 21쪽.

모빌리티는 신체부터 교통 시스템뿐만 아니라 도시 시스템과 인프라, 더 넓게는 국경 체제와 이주 및 관광과 같은 초국가적 모빌리티, 그보다 더 넓게는 전 지구적 모빌리티와 지리생태학에 이르기까지 여러 스케일을 포괄하고 있다. 그리고 이 여러 스케일은 서로 연결되고 중첩되어 있다. 예를 들어, 현대의 대표적 모빌리티 수단인 자동차 모빌리티automobility와 비행기 모빌리티aeromobility를 보자. 자동차는 도시 시스템과 인프라 스케일과 연결되어 있고, 그 안에는 초국가적 스케일인 '탄소 자본' 권력의 움직임이 숨어 있다. 비행기는 호화 여행과 자금 은닉, 탈세, 세금 회피, 밀수, 의료 투어 등의 초국가적 스케일과 겹쳐 있다. 그리고 자동차와 비행기는 전 지구적 스케일의 기후 위기를 초래하는 주범 중 하나다.[63] 따라서 셸러는 불균등한 (임)모빌리티의 탐색이 다중 스케일multi-scales[64]로 이루어져야 한다고 본다. 관광객·여행자·노동자·학생·'이동 특권층kinetic elite'뿐만 아니라, 인종·계급·젠더·장애·섹슈얼리티가 영향을 끼치는 신체 스케일의 작은 미시적 모빌리티 문제와, 국경을 건너려는 난민과 이주자들의 모빌리티 권리 등 '인적 모빌리티'의 배치를 살펴야 한다. 더불어 물과 음식을 제공하는 파이프라인과 케이블을 통해 에너지와 화

---

63 팀 크레스웰·미카엘 르마르샹,《선을 넘지 마시오!》, 박재연 옮김, 앨피, 2021, 25쪽 참조.
64 다중 스케일은 여러 스케일을 동시에 겹쳐 놓고 사고하면서 모빌리티가 드러내는 권력, 구조, 사건들을 조명하는 방식이다. 미미 셸러《모빌리티 정의》에서 이 방식을 핵심 방법론 중 하나로 제시한다.

석연료를 공급하는 전 지구적 스케일의 거시적 모빌리티를 형성하는 도시 체계와 인프라 공간 등 '비인간 모빌리티'의 배치와 조직도 함께 살펴야 한다. 이 모든 것이 "새로운 군사 이동이나 물류 시스템, 디지털 모빌리티 및 금융자본 이동 기술들과 관련이 있다."[65]

이동의 속도와 효율성, 편의, 안전을 얻는다는 것은 타자의 권리를 무너뜨리는 것일 수 있다. "어떤 집단의 모빌리티와 통제가 다른 사람을 적극적으로 약화시킬 수 있고 … 이미 약한 자들의 영향력을 더 약화시킬 수 있다."[66] 자동차와 같은 개인적 모빌리티의 증대는 기차나 버스 등의 대중교통 수단에 대한 사회적 근거를 약화시켜 재정적인 어려움을 부과함으로써 그 시스템에 의존하는 사람의 모빌리티를 감소시킨다. 비행기가 대양을 가로질러 바쁘게 날아갈수록, 선박 여행은 쇠퇴하고 많은 섬 공동체는 고립된다.[67] 가난한 사람들이 거주하는 지역은 도로, 공항, 항구의 대기오염과 소음공해에 더 취약할 수밖에 없다. 그들은 독성물질 근처에 살 가능성이 더 높다. 이동 특권층은 정치적 의사 결정을 지배하고 있어 함께 향유할 수 없는 공간

---

65 미미 셸러, 《모빌리티 정의》, 38쪽.

66 Massey. D., 'Power-geometry and progressive sense of place,' in Bird, (ed.), *Mapping the Futures: Local Cultures, Global Change*, London: Routledge, 1993; 피터 애디, 《모빌리티 이론》, 213쪽, 재인용.

67 "점보 여객기는 한국의 컴퓨터 자문가가 실리콘밸리로 날아갈 수 있도록 한다. … 그러나 날아가는 그들로부터 5마일 아래에 있는 섬사람들은 어떠한가? … 비행기 여행은 사업가들을 대양을 가로질러 바쁘게 날아갈 수 있도록 하지만, 그것과 동반된 선박 여행의 쇠퇴는 많은 섬 공동체의 고립을 증대시켰다"(Massey, D., *Space Class and Gender*, Cambridge: Polity, 1994, p. 148; 존 어리, 《모빌리티》, 279쪽 재인용).

을 형성할 뿐만 아니라, 공간의 가치를 증감시켜 공간을 갈라놓고, 가치가 낮다고 평가한 공간을 우회하도록 체제를 구성한다. 모빌리티 엘리트층은 네트워크 자본을 구축할 수 있게 공간을 재구성하여 모빌리티 빈민의 권리를 더욱 무너뜨린다. 자동차 모빌리티의 '스마트 기술'이라 불리는 디지털 전자통신 기술과 자동화의 증대는 기존의 불균등 모빌리티 불의를 그저 재생산하거나 심지어 악화시킬 수 있다.[68] 자동차 스마트 모빌리티 서비스는 운전을 '포기'해도 되는 모빌리티 자본을 소유한 건강한 중산층 소비자를 대상으로 삼는다. 이러한 스마트 모빌리티 서비스를 위한 인프라, 예컨대 전기자동차 충전이나 친환경 연료 보급을 위한 인프라를 구축하는 데 쓰이는 막대한 공공자금에 (비싼) 전기차나 친환경 차량을 사용하면서 혜택을 볼 가능성이 적은 모빌리티 빈민의 세금도 투여된다. 결국, 도시의 이동 특권층이 주로 사용하는 인프라 구축을 위해 모빌리티 빈민이 세금을 내는 것이나 다름없다. 모빌리티 자본을 지닌 사람은 이동 중에도 다양한 활동을 할 수 있지만, 스마트폰이 없거나 노트북, 신용카드 등이 없는 모빌리티 빈민은 기술의 빈틈으로 추락한다. 하지만 CCTV와 같은 감시 기술은 그들을 빈틈없이 감시한다. 어리는 도시가 점차 공항과 비슷해지고 있다면서 공항의 감시 · 관찰 · 통제를 닮아 가는 사회를 '몸수색 사회frisk society'로 명명하는데,[69] 이러한 보안 사회는 위

---

68 미미 셸러,《모빌리티 정의》, 199쪽.
69 존 어리,《모빌리티》, 274쪽.

험하다고 여기는 '타자'들과 모빌리티 빈민을 배제하도록 작동할 공산이 크다.

도시는 이동과 계류로 구성된 유동하는 공간으로, "불의가 쌓이는 공간일 뿐만 아니라 불균등한 모빌리티, 불평등한 신체, 분산된 인프라를 생산하는 적극적인 메커니즘"이다.[70] "내부에서 외부로, 본국에서 식민지로, 지역에서 세계로, 몸의 내부에서 저 먼 제국으로까지 확대되는 모빌리티의 관리 원칙principle of managed mobilities이다.[71] '스마트 시티smart city', '감응 도시sentient city', '연계된 모빌리티connected mobility' 등으로 기획되는 네트워크 도시성networked urbanism은 '더 나은 세상'이 아니라 불균등한 삶의 공간이 될 가능성이 크다. 예측 알고리즘은 기존의 데이터, 즉 인종차별, 저소득층 범죄 등에 집중된 편견 섞인 방범 활동의 기존 데이터를 기반으로 '훈련'할 가능성이 높고, 이렇게 입력된 편견 데이터는 특정한 이데올로기를 강화할 것이다. 이 때문에 코드화된 도시에서의 신체들은 차별받으며 불평등한 통제와 인종화 · 젠더화된 모빌리티 체제에 갇히게 되는 것이다.

역사적으로 모빌리티는 젠더, 인종, 장애와도 깊은 연관성을 가지고 있다. 서구 사상에서 모빌리티는 근대성 · 진보성 · 특권적 백인 남성성과 결부된 반면, 정주성 · 부동성 · 정체는 '후진적' 사회나 '원시적' 사람들의 속성으로 여겨졌고, 방황 · 방랑 등은 '나쁜' 비이성적

---

70 미미 셸러, 《모빌리티 정의》, 116쪽.
71 미미 셸러, 《모빌리티 정의》, 118쪽.

모빌리티로 취급됐다.[72] 남성적 서사는 여행, 길 찾기, 탈출과 밀접하게 연결되지만, 여성은 어떤 장소나 집에 머무르는 존재로 규정되었다. 여성은 줄곧 모빌리티로부터 주변화되어 왔다. 또한 인간다움과 남성다움은 걷는 것과 관련된 이데올로기를 만들어 왔다. 대중문화는 '거리낌 없이 걷는 것'을 남성성을 증명하는 신호라고 선전했고, 이러한 보행 중심 문화는 걸을 수 없게 된 것을 '치료받아야 하는 병'으로 인식하도록 세뇌했다. 백인 남성 중심의 모빌리티 권력은 여성·유색인·장애인뿐만 아니라 성소수자의 모빌리티를 차별적이고 불균등하게 만들었다. 과거에서부터 이어진 식민주의, 제국주의, 신자유주의의 불평등한 유산은 계급, 젠더, 인종, 장애 불평등을 심화시켜 사회적 배타성을 더욱 강화했다.

이동 수단·자본·권력·도시·난민·이주·관광·기후위기·시스템·인프라·통제·감시·통신·젠더·인종·장애 등은 다층적이고 이질적인 이슈들의 묶음처럼 보일지 모르지만, 모두 불균등한 (임)모빌리티 문제와 관계 있다. 그리고 이것들의 역학 관계에서 모빌리티 불평등이 발생한다. 셸러는 '모빌리티 정의'를 말한다. 그는 모빌리티 정의가 "이동과 주거에 대한 인간적·자연적 권리가 보호되도록 이끄는 도덕적 나침판"으로, 모빌리티 정의를 통해 "다른 사람들을 해치지 않고, 살아 있는 존재들을 말살하지 않으며, 의미 깊은

---

72 미미 셸러, 《모빌리티 정의》, 117쪽.

장소와 살아갈 만한 미래를 파괴하지 않도록 우리의 모빌리티를 제한"해야 한다고 주장한다.[73]

사유 바깥의 미술과
모빌리티 불평등

미술은 사회의 거울이 되기도 하고, 현미경이나 망원경 역할을 하기도 한다. 거울처럼 사회의 좌우를 뒤집어 보여 주기도 하고, 현미경처럼 보이지 않는 내부를 보여 주거나 망원경처럼 멀리 있어 잘 안 보이는 사건을 눈앞에 가져다 놓기도 한다. 디지털 통신 기술의 발전과 무선 기술의 고도화는 우리를 언제든 인터넷에 접속할 수 있게 함으로써 소위 '스마트'한 새로운 이동 방식에 주목하게 했고 모빌리티를 시대의 키워드로 떠오르게 했다. 이동성은 미술에서도 중요한 주제다. 현대사회의 키워드로 떠오른 모빌리티는 이동성만으로 담을 수 없는 다층적 함의를 지니고 있어, 사회의 거울이자 현미경이고 망원경인 미술이 기존의 이동성과는 다른 차원에서 깊숙이 들여다봐야 할 주제다. 이에 발맞춰 아르코미술관은 2022년 상반기에 모빌리티를 주제로 한 기획전《투 유: 당신의 방향》을 선보였다. 이 전시는 그저 유행어처

---

73 미미 셸러,《모빌리티 정의》, 16쪽.

럼 떠도는 모빌리티의 매끈한 겉을 닦아 첨단 기술로 충만한 기술 물신주의를 반짝거리게 하는 것이 아니라, 모빌리티의 심층에 있는 전혀 '스마트' 하지 않은 내장을 끄집어내 보여 줬다. 전시된 작품들은 모빌리티 자본과 모빌리티 불평등을 직·간접적으로 드러내고 있어, 모빌리티 개념으로 분석할 수 있는 흥미로운 지점들을 발견할 수 있다.

물론 미술은 은유로 충만하고, 자율적이며, 내부의 여러 객체의 역능과 그들의 상호작용이 만들어 내는 분위기로 구성된다. 사물(객체)의 집합체인 미술 작품은 그것을 해석(환원)하기 이전에 근본적으로 '물자체Ding an sich'다. 여기서 물질적 전회에 기초를 두고 이론을 전개하는 그레이엄 하먼Graham Harman의 '객체지향 존재론'을 떠올려 보자. 이 이론은 예술을 그 핵심으로 둔다. 인간이 절대 접근할 수 없는 '물자체'(칸트), 혹은 '이데아'(플라톤)나 '실재'(라캉)라고 말할 수 있는 것이 인간의 의식에서 나타날 뿐만 아니라 비인간 사물들이 서로 맺는 인과적 관계들에서도 나타난다고 이 이론은 말한다. 이때 우리는 사유 바깥에 있는 미술(객체)의 실재(물자체)를 사유할 수 있게 된다. '사유 바깥의 미술'에 대해 말한다는 것은, 우리가 인식으로 환원(인식론)하지 못하는 어떤 지점을 사변적思辨的으로 접근한다는 의미다.[74] 이것은 미술의 역능으로, 언어로 설명하지 못하는 지점이다. 그것이 미술을 아름답게, 경이롭게, 숭고하게 느끼도록 만든다. 만약 어떤 미술 작품이 사

---

74 그레이엄 하먼,《예술과 객체》, 김효진 옮김, 갈무리, 2022.

회적 이슈나 사건을 드러내기 위한 도구를 자처하며, 그 이슈나 사건으로 온전히 환원될 수 있거나 환원되길 원한다면, 그것은 그 자체로 결코 미술이 아니다. 그저 프로파간다의 다른 형태일 뿐이다. 따라서 여기서는 작품 전체를 모빌리티라는 인식론적인 주제에 맞춰 환원하는 것이 아니라(환원할 수도 없다), 작품에서 드러나는 모빌리티의 작은 조각을 살펴볼 것이다. 다시 말해서 미술 작품 전체의 구성과 의미, 작동 방식을 유기적인 형태로 엮여 있는 것처럼 언어로 설명하는 것(언어적 전회)이 아니라, 그저 그 작품에서 드러나는 부분적인 모빌리티의 면모만, 단지 그 작은 조각들만 언급하는 수준이 될 것이라는 의미다.

도시 재구조화와 강제 이동

현대의 국가, 도시, 그리고 그 속의 인프라는 깊숙한 영역까지 영향을 미치는 신자유주의적 통치에 의해 끊임없이 재구성된다. 자본과 정책 결정권을 가진 계층은 편의와 안전을 위해 자신의 활동 영역에 도시의 인프라를 집적하고, 그 인프라 때문에 사람들이 몰려들고, 이런 변화는 그 공간의 가치를 높여 자본을 증식시킨다. 재구성되는 도시 인프라와 시스템에 따라 새롭게 주목받는 지역이 생기고, 어떤 지역은 쇠퇴한다. 그 결과 이동하도록 압박받고 강요당하고 배치되는 사람과 사물, 공간이 생겨난다. 도시 시스템과 인프라에 의해 강제로 이동·배치되는 모빌리티를 잘 보여 주는 작업이 김재민이와 송주원의 작업이다.

김재민이는 도시 구성과 이동성에 초점을 두고 도시가 자본을 지닌 특권층에 맞춰 어떻게 재구성되는지를 현장 답사와 문헌 조사 등을 통해 드러낸다. 전시에서 선보인 그의 작업은 크게 세 가지의 프로젝트로 구분 가능하다. 용산의 자산 가치가 높아지면서 용산 밖으로 밀려난 14개의 공장 리서치(《안부TV 용산편》(2022), 〈냄새의 경계선1〉(2022)), 악취가 심하다는 표면적인 이유로 사라지거나 밀려나야 할 김해 주촌 신도시 농장과 이미 밀려난 나주와 양주의 농장 리서치(《돼지똥과 아파트》(2022), 〈냄새의 경계선2〉(2022)), 그리고 영화 〈기생충〉(2019)의 주요 인물인 오근세와 국문광이 어떻게 서울의 상류층에 입성했으며 그 입성이 어떤 현실적 실패인지를 찾아가는 순례길 프로젝트 및 상상의 기념품(《냄새의 경계선3 - 기생충 순례길》(2022), 〈오근세씨를 찾아서〉(2022), 〈국문광씨를 찾아서〉(2022)). 영화 〈기생충〉의 메타포는 '냄새'의 계급성으로 김재민이의 작업을 아우르는 키워드다. 작가는 공장과 농장의 강제 이동을 냄새와 연관지음으로써 이 세 프로젝트가 모두 '냄새가 지닌 계급성과 강제 이동'임을 드러낸다.

송주원은 2013년부터 재개발, 재생사업으로 변형되고 사라지는 도시 속 장소에서 퍼포먼스를 벌이고 그것을 기록하여 영상으로 만드는 도시공간무용프로젝트 〈풍정.각風情.刻〉 시리즈를 진행하고 있다. 작가는 통의동과 옥인동·낙원상가·세운상가 등 주로 도시의 쇠락한 공간을 배경으로 프로젝트를 진행하고 있는데, 이번 전시에서 선보인 〈마후라〉(2021)는 장안평 중고차 시장에서 진행된 11번째 프로젝트다.

장안평 중고차 시장은 1970년대에 조성된 국내 최초의 중고차 시장으로 한때 아시아 최대 규모를 자랑했던 곳이다. 하지만 시대가 변하면서 점차 이 지역 중고차 시장이 쇠퇴하고 지역이 낙후되었다. 현

그림 1 김재민이, 〈냄새의 경계선3-기생충 순례길〉, 2022, 시바툴, 종이 및 혼합재료, 180×180×140cm, 협업 제작: 우아미 | 사진: 홍철기, 아르코미술관 제공

재 서울시는 이 지역을 도시재생사업 거점 구역으로 지정한 상태다. 빠른 기술 변화와 도시의 재구조화는 금세 구형이 되는 자동차처럼 한때 활력이 넘쳤던 장안평 중고차 시장을 쇠퇴시키고 구형 자동차 부품들만 쌓인 기묘한 스펙터클의 공간으로 변하게 했다.

〈마후라〉는 장안평 자동차 부품 상가와 중고차 시장의 골목과 주차장 등을 배회(이동)하며 펼치는 퍼포머의 몸짓(움직임), 대표적인 모빌리티 테크놀로지의 하나인 자동차의 해체(정지) 및 퍼포머와의 재조합(혼종결합체hybrid assemblage), 장소의 쇠퇴 및 도시재생(강제 이동) 등의 내·외재적 모빌리티 특성을 잠재하고 있다. 또한 기계의 탄생과 소멸, 장소의 생성과 쇠퇴를 인간의 삶과 중첩하여 은유적으로 보여 준다. 마치 곡소리 같은 '아이고'라는 퍼포머의 노래가 쇠퇴로 사라짐을 목전에 둔 장소를 위한 장송곡처럼 들리는 이유는 이 때문이다. 특히 이 작업에서 흥미로운 부분은 자동차 부품(비인간)과 퍼포머(인간)가 하나가 되어 펼쳐지는 몸짓이다. 이 몸짓은 혼종결합체의 상징으로 볼 수 있으며, 포스트휴먼 담론을 읽어 낼 수 있는 대목이다. 모빌리티는 포스트휴먼 담론을 적극 수용한다. "모빌리티에 대한 분석, 특히 서로에 대한 적응적이고 진화적 관계를 갖는 다중적이고 교차적인 모빌리티 시스템들에 대한 분석은 포스트휴먼에 대한 분석의 한 사례"이다[75] 이러한 지점들을 통해 우리는 송주원의 작업을 모빌

---

75 존 어리, 《모빌리티》, 98쪽.

그림 2 송주원, 〈마후라〉, 2021, 3채널 비디오, 10분 22초 | 사진: 홍철기, 아르코미술관 제공

리티의 시각으로 읽을 수 있다.

거주 기계와 경계적 소비

모빌리티 연구는 '이동 중 거주dwelling-in-motion'라는 개념을 도입한
다.[76] 유목주의의 핵심이 '이동'이라면, 정주주의의 핵심은 '거주'다. 장
소는 의미와 보살핌의 중심이며, 정체성이 만들어지는 공간으로서 본
질적으로 도덕적인 개념이다. 따라서 거주는 의미와 정체성을 형성
하는 도덕적 행위로 인식되었다. 반면, 이동은 끊임없는 불안을 낳는
위험한 행동이며, 근원적이고 도덕적이고 진정한 존재인 장소를 위
협한다고 여겨졌다.[77] 이렇듯 유목주의와 정주주의는 상반된다. 하지
만 모빌리티는 이 두 이념을 하나로 묶는다. 모빌리티 사회에서 이동
이 거주고, 거주 또한 이동의 한 형태다. 그래서 이동 수단을 '거주 기
계inhabiting machine'로, 이동의 공간을 '사이공간interspace/in-between space'
으로 명명한다. 즉, 철도 · 자동차 · 비행기 등은 이동 중에도 거주하
면서 의미와 정체성 형성이 가능한 기계(거주 기계)로, 길 · 도로 · 버스
터미널 · 기차역 · 공항 · 휴게소 · 레스토랑 · 모텔, 심지어 온라인 공
간과 같은, 마르크 오제Marc Augé가 '비장소non-place'라고 말했던 공간
은 의미 있는 사회적 상호작용이 일어나는 장소(사이 공간)로 본다.
　정유진의 〈돌고 돌고 돌아〉(2022)는 비행기의 '거주 기계'로서의 면

---

76 존 어리, 《모빌리티》, 88쪽.
77 팀 크레스웰, 《온 더 무브: 모빌리티의 사회사》, 63~72쪽.

그림 3 정유진, 〈돌고 돌고 돌아〉, 2022, 혼합매체, 가변 크기 | 사진: 홍철기, 아르코미술관 제공

모와 '경계적 소비liminal consumption'의 작동 방식을 보여 준다. 이 작업은 코로나19 팬데믹 상황에서 행해진 '무착륙 비행'의 고도 변화 데이터를 롤러코스터에 대입한다. 그럼으로써 롤러코스터가 지닌 특징, 즉 목적지 없이 원점으로 돌아오는 특징과 비행기의 이륙과 착륙을 연상시키는, 고점에서 저점으로, 저점에서 고점으로 오르내리는 운동성을 보여 준다. 제자리로 돌아오는 무착륙비행은 통상적인 이동의 목적에 반하는 비행이다. 그럼에도 이것이 가능했던 것은 팬데믹 상황에서 해외로의 이동 통제(부동성)가 가장 크게 작용했다. 하지만 근본적인 층위에서 본다면, 이미 우리가 비행기를 거주 기계로 인식하고 있기 때문에 가능한 일이다.

무착륙비행이 "면세품 구매를 촉진"하기 위한 행위라는 작가의 언급을 통해 이 이동에 경제 시스템이 중첩되어 있음을 알 수 있다(작업 설명). 면세품 구매는 경계의 구역에서 일어나는 소비를 일컫는 '경계적 소비'가 발생했음을 의미한다. 경계의 구역, 즉 면세구역은 특정 장소들을 이어 주는 '사이공간'으로 볼 수 있다. 경계적 소비는 보통 공항의 면세구역에서 일어나는 소비를 의미하는데, 작가가 말한 면세품 구매 촉진도 기내에서보다는 '공항' 면세구역에서의 소비 촉진을 의미하는 것으로 보인다. 어리는 공항이 '이동 중에 거주하는' 장소라고 말한다.[78] 하지만 다른 경계의 구역도 존재한다. 면세품 구매가 공항뿐

---

78 존 어리, 《모빌리티》, 274쪽.

만 아니라 비행기 내에서 이뤄지는 상황도 생각해 볼 수 있다. 이것은 비행기가 '거주 기계'일 뿐만 아니라 '사이공간'일 수도 있음을 알려준다. '사이공간'은 규모만 다를 뿐 '거주 기계'와 유사한 측면이 존재한다. '사이공간'인 공항이나 기차역, 버스터미널, 호텔 등은 어떤 측면에서 많은 기계로 구성되고 작동하는 '거주 기계'일 수 있다.

기후위기와 새의 생존

모빌리티 테크놀로지는 기후위기와 밀접하다. 특히 자동차 모빌리티와 비행기 모빌리티는 기후위기를 초래하는 주범 중 하나다. 현재 교통 이동 분야는 전체 이산화탄소 배출량에서 두 번째로 많은 23퍼센트의 이산화탄소를 배출한다(첫 번째는 에너지 분야다). 교통 이동 분야만 놓고 봤을 때 74퍼센트가 도로에서 발생하며, 그 대부분은 승용차에서 배출된다. 비행기는 이용자 수에 비해서 너무 많은 이산화탄소를 배출한다. 전 세계 인구의 단 5퍼센트만 이용하는 비행기는 교통 이동 분야 이산화탄소 배출량의 12퍼센트나 차지한다. 이 수치는 전 세계 이산화탄소 배출량의 2~3퍼센트에 달한다.[79] 게다가 비행기는 이동의 계급성(퍼스트, 비즈니스, 이코노미 좌석의 구분)을 홍보하고 고착화한다. 뿐만 아니라 하늘이 활동 공간인 새의 생존까지 위협한다. 최근 '도심형 항공 모빌리티Urban Air Mobility'(이하 UAM)[80]가 혁신적인

---

79 팀 크레스웰 · 미카엘 르마르샹, 《선을 넘지 마시오!》, 25쪽.
80 도심 상공에서 사람이나 화물을 운송할 수 있는 차세대 교통 체계.

이동 수단이 될 거라는 전망 아래 여러 기업이 개발에 박차를 가하고 있다. 문제는 이것이 또 다른 이동 특권층을 낳고, 모빌리티 불평등 문제를 심화할 가능성을 지니고 있다는 점이다. 또한, 새의 생존을 위협할 수 있다.

오주영의 〈구름의 영역〉(2021)은 UAM이 직면하게 될 문제와 기후 위기를 연결하여 이동 기술, 난민, 새의 생존 등의 문제의식을 아케이드 게임 형태로 구현한 작업이다. 이 게임은 미래의 어느 시대에 지구 온난화의 영향으로 기후난민이 되어 상공 도시에 살아야 하는 인간과 인간에게 하늘을 빼앗겨 날지 못하는 새의 마찰을 다룬다. 인간에게 상공 도시의 이동 수단은 UAM이고, 새는 비행 차량(UAM) 사고를 일으키는 존재다. 작가는 이런 물음을 던진다. "당신이 타고 있는 비행기 앞에 새가 날아든다면, 그를 사살할 것인가 아니면 부딪히면서 생길 위험을 감수할 것인가?"(작업 설명) 작가는 동일한 시대 배경의 세 개의 아케이드 게임인 〈구름의 영역〉에서 각각 '도시 설계자',[81] '새 로봇 연구자',[82] '날지 못하는 새'[83]를 주인공으로 게임을 진행할 수

---

81 도시 설계자: 설계자는 기후 쇼크 이후 클라우드를 제안한 대가이다. 자원과 장소의 제한에서 도시의 이동은 또 다른 권력이 될 수 있다. 설계자는 이동성의 혜택을 환경보호 기여에 따라 나누기로 한다(작업 설명).

82 새 로봇 연구자: 새를 연구하던 연구자는 새의 멸종으로 더는 연구 실적을 내지 못하자 더 낮은 층의 거주지로 쫓겨났다. "새를 모방한 로봇"을 만들고 고치는 기술을 연구하게 된 연구자는 깊은 회의를 느낀다(작업 설명).

83 날지 못하는 새: 날지 못하는 새는 이미 가족을 모두 잃었으며 자신이 타는 듯한 사막에서 오래 생존할 수 있을 거라는 희망을 잃었다. 이 새는 인간을 공격하며 올라가야 살아남을 수 있다는 것을 본능으로 알고 있다(작업 설명).

그림 4 오주영, 〈구름의 영역〉, 2021, 아케이드 PC게임, 컨트롤러, 네온사인, 가변 크기
| 사진: 홍철기, 아르코미술관 제공

있도록 구성했다. 게임 플레이어는 주인공이 처한 상황에 따라 각각 다른 생각과 입장을 갖게 되고, 그로 인해 이동성의 마찰과 이에 따르는 딜레마를 느끼게 된다. 〈구름의 영역〉은 기후위기라는 환경문제와 UAM이라는 미래 이동 기술이 내재하고 있는 생명윤리 문제에 대해 질문을 던진다.

전자 세계와 코드/공간

도시는 점차 공항과 비슷해지고 있다. 공항은 비행기 여행의 위험성과 불확실성을 낮추기 위해 소프트웨어 기반의 '전문 시스템'을 광범위하게 개발하고, 비인간 행위체인 수많은 컴퓨터 코드들을 조합하여 '비교적' 안전한 비행기 여행을 가능하게 했다. 이 때문에 마틴 도지Martin Dodge와 롭 키친Rob Kitchin은 공항을 '코드/공간code/space'[84]이라 명명했다. 그것을 도시가 흡수하고 있다. 공항에서 시작된 광범위하고, 안정적이고, 일상적인 코드/공간은 도시에 적용되고 있다. 무선통신 인프라를 바탕으로 이동통신 기술을 사용하는 위치기반 모바일 기기들이 그물망처럼 연결된 '도시 코드/공간'이 형성되고 있는 것이다. 그런데 코드/공간은 기술적 문제가 발생하지 않을 때는 마치 공기처럼 인식하지 못하다가 문제가 발생할 때 정지되고 붕괴된다.

---

84 코드/공간code/space은 마틴 도지와 롭 키친이 공항에 대한 사례 연구를 통해 만든 개념이다. 코드/공간은 컴퓨터 코드에 의해 생산되고 작동되며, 만약 컴퓨터 코드에 문제가 생기면 정지되는 공간이다. 존 어리,《모빌리티》, 258쪽. 각주 10.

김익현의 〈그늘과 그림자〉(2022)와 〈산책 2018.11.24.-2021.10.25.〉 (2022)는 도시 코드/공간이 정지된 2018년 11월 24일과 2021년 10월 25일을 시작일과 종료일로 설정하고 그 사이에 촬영한 사진들로 구성된 작업이다. 2018년 11월 24일은 서울 KT 아현지사 건물의 지하 통신구 화재로 서울 강북 지역과 고양시 일부, 북서부 수도권 지역에서 통신 대란이 있었던 날이고, 2021년 10월 25일은 KT 통신망 마비로 KT를 비롯한 주요 통신사의 인터넷 유선 및 무선망이 먹통이 되는 사태가 발생했던 날이다. 작가는 얼기설기 엮인 통신 전선과 장비들, 그리고 광케이블을 타고 매일 오가는 수많은 사진과 문자 정보의 존재에 대한 생각을 작업으로 풀어 놓는다. 디지털 네트워크를 형성하는 광케이블과 그것을 타고 이동하는 빛은, 빛에 의해 만들어지는 사진과 광케이블을 통해 액정 화면에 등장하는 사진, 그리고 우리 눈에 빛이 들어와 만들어 내는 형상의 다공질적인 층위를 숙고하게 한다. 더불어 팬데믹으로 이동이 통제된 상황에서 정보통신은 더욱 활발하게 움직이는 방식을 '방역 정보 알림'과 '긴급 재난 문자'로 보여줌으로써, 코드/공간의 감시ㆍ관찰ㆍ통제의 통치성까지 드러낸다.

송예환의 〈월드 와이드woldeu waideu〉(2022)는 우리가 자유롭다고 생각하는 온라인 가상공간이 벗어날 수 없는 제한된 공간과 제한된 정보로만 이루어져 있음을 시각적으로 보여 준다. 온라인 가상공간은 무한히 이동할 수 있는 유토피아 같은 공간으로 보이지만, 그 무한은 '반복되는 무한'이고 결국 알고리즘에 갇혀 있는 제한된 공간이다. 송예환의 작품은 우리가 그 공간 안에서 제자리만 맴돌고 있을 뿐이라

김익현, 〈그늘과 그림자〉, 2022, 단채널 비디오, P3 LED 매트릭스, 컬러, 사운드, 25분 30초; 뒤쪽 〈산책 2018.11.24.−2021.10.25.〉, 2022, 사진, 종이에 잉크젯 프린트, 가변 크기 | 사진: 홍철기, 아르코미술관 제공

그림 6 송예환, 〈월드 와이드〉, 2022, 폼보드 위에 프로젝션 매핑, 폼보드, 빔프로젝터, 혼합매체, 가변 크기 | 사진: 홍철기, 아르코미술관 제공

는 은유를 담고 있다. 수십 개의 화면이 화려한 영상을 뿜어내지만 모두 유사하고, 자유로운 온라인 공간으로 이동할 수 있도록 돕는 마우스들은 오직 정해진 자리만 맴돈다. 이는 온라인 공간이 결코 자유로운 이동 공간도, 무한히 많은 정보의 공간도 아닌, 알고리즘이라는 투명한 벽에 둘러싸인 제한된 공간임을 깨닫게 한다.

신체 통제 정치와 노동

모빌리티 불평등은 신체와 관계되어 있다. 코로나19 상황은 방역이라는 강력한 통치성으로 공간, 이동, 신체적 자유를 통제한다. 집단적 신체 통제는 특히 성소수자LGBTQ+를 더욱 억압할 가능성이 크다. 역사적으로 이동은 건강한 (백인) 남성에 속하는 것이었고, 그 외 여성·유색인·장애인·LGBTQ+는 차별적 모빌리티를 겪어야 했다. 이러한 불균등 모빌리티는 근접성과 혼잡성의 미시정치 속에서 갈등을 일으킨다. 전통적인 성정체성은 모빌리티를 강조하는 신자유주의 논리와 공명하고 있으며, 신자유주의적 개발 목표에서 퀴어 모빌리티는 거의 고려 대상이 되지 않았다.[85] 이러한 상황에서 퀴어 신체의 집단적 이동은 배제된 신체를 적극 드러냄으로써, 모빌리티 불평등을 수면 위로 끌어올리는 역할을 한다.

퀴어 퍼레이드는 성소수자의 권리와 자긍심을 위한 집단적 행진으

---

85 피터 애디, 《모빌리티 이론》, 70쪽; 미미 셸러, 《모빌리티 정의》, 129쪽.

로, 차별받고 배제되었던 신체를 적극 드러내는 이동이다. 코로나19
로 물리적 행진이 어려워진 2020년 팬데믹 상황에서 '닷페이스Dotface'
는 온라인 퀴어 퍼레이드를 기획했다. 전시에서 선보인〈우리는 어디
서든 길을 열지〉(2021)는 이 온라인 퀴어 퍼레이드의 광고 영상이다.
닷페이스는 온라인 퀴어 퍼레이드 웹사이트를 열고 이용자 누구든
다양한 조합으로 자신의 아바타를 디자인하게 했고, 그렇게 생성된
아바타들이 온라인에 존재하는 보라색 도로 위를 행진하는 모습을
구현했다. 또한 이용자들이 인스타그램 등의 SNS에 "#우리는_없던_
길도_만들지"라는 해시태그와 함께 업로드하여, 온라인 퀴어 퍼레이
드를 공유·확산할 수 있는 구조를 만들었다. 닷페이스가 기획한 온
라인 퀴어 퍼레이드는 차별 받는 신체를 드러낼 뿐 아니라 초연결사
회에서 신체의 부동성과 데이터의 빠른 이동을 겹쳐서 사유할 수 있
는 작업이다.

유아연은 코드/공간이 된 도시에서 이뤄지는 현재의 노동 양상을 보
여 준다.〈벌레스크Burlesque-Delivery〉(2021)는 온라인 배달 플랫폼을 통
해 미션처럼 주어진 배달 명령이 수행되는 과정을 담았다. 생산자와
소비자, 그리고 중간의 배달 노동자는 온라인 위치 기반 미디어에 순
간순간 접속하여 명령과 수행을 수없이 반복한다. 그리고 신체는 배달
플랫폼의 통제를 받으며 움직인다. 배달을 위해 이동하는 장면과 신체
를 통제하라는 필라테스 코치의 목소리가 겹쳐 있는〈벌레스크〉는 초
연결사회에서 신체가 제한되고 통제되고 있음을 깨닫게 한다.

인간 대신 음식 이동을 돕는 서빙 로봇을 작업으로 끌고 온〈공손

우리는 어디서든
길을 열지

그림 7 닷페이스, 〈우리는 어디서든 길을 열지〉, 2021, 10초 반복재생, 전시 전경 | 사진: 홍철기.
아르코미술관 제공

그림8 유아연, 〈벌레스크〉, 2021, 단채널 비디오, 29분 9초 | 사진: 홍철기, 아르코미술관 제공

한 님들〉(2022)은 배달 노동에서 신체가 어떤 양상으로 움직이는지 보여 줄 뿐만 아니라, 동시에 초연결사회가 어떻게 구성되고 있는지 인식하게 한다. 배달 노동자의 대부분은 음식 배달이고, 서빙 로봇은 음식 배달 과정의 축소판이라 할 수 있다. 서빙 로봇은 음식 배달이라는 목적과 광고라는 자본주의적 행위, 네트워크라는 연결성, 사람과의 직접 접촉을 회피하는 문화 등이 중첩된 신자유주의 시대의 유사 신체라고 할 수 있다.

모빌리티는 인간이 다양한 사물 · 기술과 관계 맺고 '복잡한 결합체'를 형성하는 방식에 대한 사유이며(물질적 전회), 동시에 다층적인 스케일에서 사회적 불평등을 밝히는 도구이기도 하다. 모빌리티는 자유를 연상시키며, 끊임없이 불평등을 은폐한다. 공공연한 정치적 담론 안에 자리 잡고 작동하면서 차별적 상황을 형성한다. 모빌리티는 무척 이데올로기적이며, 언제나 관계 속에 있다. 우리는 그것이 무엇인지 물어야 한다. 셀러의 언급처럼 "모빌리티 불의不義는 누군가가 어떤 공간에 '들어간' 후에 발생하는 것이 아니라, 불공정한 공간 조건과 차별적인 주체가 만들어지는 과정에서 나타난다."[86] 그래서 모빌리티는 부동성과 붙어 있다. 셀러가 말한 것처럼 '(임)모빌리티'다.

모빌리티의 결정 인자에는 육체적 특성, 열망, 교통 및 통신에 대한 접근성, 시공간 제약, 지식, 면허 등이 포함되고, 이것들은 일종의 무

---

86 미미 셀러, 《모빌리티 정의》, 76쪽.

그림 9 유아연, 〈공손한 님들〉, 2022, 진동벨, 서빙 로봇, 스피커, 파워 뱅크, 배너, 동작 감지 센서, 가변 크기 | 사진: 홍철기, 아르코미술관 제공

형 자본으로 기능한다. 이러한 모빌리티 자본은 사람들이 자신들을 묶어 놓는 시공간 제약에서 벗어날 수 있는 필수 자원이 된다. 그리고 이동 특권층과 모빌리티 빈민을 나눈다. 이동 특권층은 자신의 권리를 강화하는 방향으로 체제를 재구성하려는 움직임을 보이고, 이 때문에 이동의 위계화가 고착화된다. 이동의 물신주의가 팽배해진 고-이동사회에서 모빌리티는 더욱 불균질해진다. 자유 · 가속 · 편의 · 안전이 증대되는 만큼 검열 · 통제 · 제한 · 감시도 함께 높아지고 있다. "'사회로서의 사회성'이 '이동으로서의 사회성'으로 재구성"[87] 된 상황에서 우리는 모빌리티 자본의 차별성과 위계성, 불균질한 모빌리티와 모빌리티 불평등에 맞서 모빌리티 정의를 구현할 수 있는 실천을 고민해야 한다. 사유의 바깥까지도 사유하는 미술은 이런 실천에 새로운 자극과 상상력을 제공할 것이다.

---

87 Urry. J., *Sociology beyond societies*, p. 2.

강현수 · 이희상, 〈존 어리의 모빌리티 패러다임〉(해제), 존 어리, 《모빌리티》, 아카
　넷, 2014.

그레이엄 하먼, 《예술과 객체》, 김효진 옮김, 갈무리, 2022.

김태희 외, 《모빌리티 시대 기술과 인간의 공진화》, 앨피, 2020.

레비 R. 브라이언트, 《존재의 지도》, 김효진 옮김, 갈무리, 2020.

말렌 프로이덴달 페데르센 · 스벤 케셀링, 《도시 모빌리티 네트워크》, 장상철 옮김,
　앨피, 2020.

미미 셸러, 《모빌리티 정의》, 최영석 옮김, 앨피, 2019.

서동진, 〈존재론적 (비)유물론의 매혹 혹은 그것은 충분히 유물론을 쇄신하고 있을
　까〉(해제), 그레이엄 하먼, 《쿼드러플 오브젝트》, 주대중 옮김, 현실문화, 2019.

윤신희, 〈모빌리티스 개념에 관한 지리학적 성찰〉, 《모빌리티와 생활세계의 생산》,
　앨피, 2019.

이상봉, 〈모빌리티의 공간정치학: 장소의 재인식과 사회관계의 재구성〉, 《모빌리티
　사유의 전개》, 앨피, 2019.

이희상 《존 어리, 모빌리티》, 커뮤니케이션북스, 2016.

존 어리, 《모빌리티》, 강현수 · 이희상 옮김, 아카넷, 2014.

지크문트 바우만, 《액체근대》, 이일수 옮김, 강, 2009.

카를 마르크스, 《자본론 1-상 · 하》, 김수행 옮김, 비봉출판사, 2015.

토머스 S. 쿤, 《과학혁명의 구조》, 김명자 옮김, 까치, 2013.

팀 크레스웰, 《온 더 무브: 모빌리티의 사회사》, 최영석 옮김, 앨피, 2021.

팀 크레스웰 · 미카엘 르마르샹, 《선을 넘지 마시오!》, 박재연 옮김, 앨피, 2021.

피터 애디, 《모빌리티 이론》, 최일만 옮김, 앨피, 2019.

김상준, 〈부르디외, 콜만, 퍼트남의 사회적 자본 개념 비판〉, 《한국사회학》38(6),
　2004, 63~95쪽.

김환석, 〈사회과학의 새로운 패러다임, 신유물론〉, 《지식의 지평》 25, 2018, 81~89쪽.

이준석 · 김연철, 〈사회이론의 물질적 전회: 신유물론, 그리고 행위자-네트워크 이론

과 객체지향존재론〉,《사회와이론》 35, 2019, 7~53쪽.
최용호,〈언어학적 전회와 그 '이후'〉,《불어불문학연구》 123, 2020, 383~401쪽.

Bauman. Z., *Globalization: The Human Consequences*, Columbia University Press: New York, 1998.

_____, *Liquid Modernity*, Polity Press: Cambridge, 2000. (《액체근대》, 이일수 옮김, 강, 2009.)

Bourdieu. P., "The Forms of Capital." in J. G. Richardson (ed.), *Handbook of Theory and Research for the Sociology of Education.* Westport, Greenwood Press: CT, 1986(1983).

Kaufmann. V., *Re-thinking Mobility: contemporary Sociology*, Ashgate: Aldershot, 2002.

_____, Audikana. A., "Mobility Capital and Motility," *Handbook of Urban Mobilities*, New York: Routledge, 2020.

Marx. K., *Capital: Volume 1*, New York: Peguin Classics, 1990. (《자본론 1-상 · 하》, 김수행 옮김, 비봉출판사, 2015.)

Massey. D., 'Power-geometry and progressive sense of place,' in Bird, (ed.), *Mapping the Futures: Local Cultures, Global Change*, London: Routledge, 1993.

_____, *Space, Class and Gender*, Cambridge: Polity, 1994.

Morley. D., *Home Territories: Media, Mobility and Identity*, London: Taylor & Francis, 2000.

Swyngedouw. E., "Communication, mobility and the struggle for power over space," in G. A. Giannopoulos and A. E. Gillespie (eds.), *Transport and Communications Innovation in Europe*, London: Belhaven Press, 1993.

Urry. J., *Sociology beyond societies*, London: Routledge, 2000. (《사회를 넘어선 사회학》, 윤여일 옮김, 휴머니스트, 2012.)

_____, *Mobilities*, Cambridge: Polity, 2007. (《모빌리티》, 강현수 · 이희상 옮김, 아카넷, 2014.)

Coleman. J., "Social Capital in the Creation of Human Capital," *American Journal of Sociology* 94, 1988, pp. 95-120.

Kaufmann. V., Bergman. M., and joye. D., "Motility: mobility as capital,"
International Journal of Urban and Regional Research 28-4, 2004, pp. 745-756.

Putnam. R. D., "Turning In, Turing Out: The Strange Disappearance of Social
Capital in America," *Political Science and Politics* 28-4, 1995, pp. 664-683.

Sheller. M., Urry. J., "The new mobilities paradigm," *Environment and
Planning A* 38, 2006, pp. 207-226.

게임으로 들어가기 전에

게임의 물리적 토대와 접근성

| 박이선 |

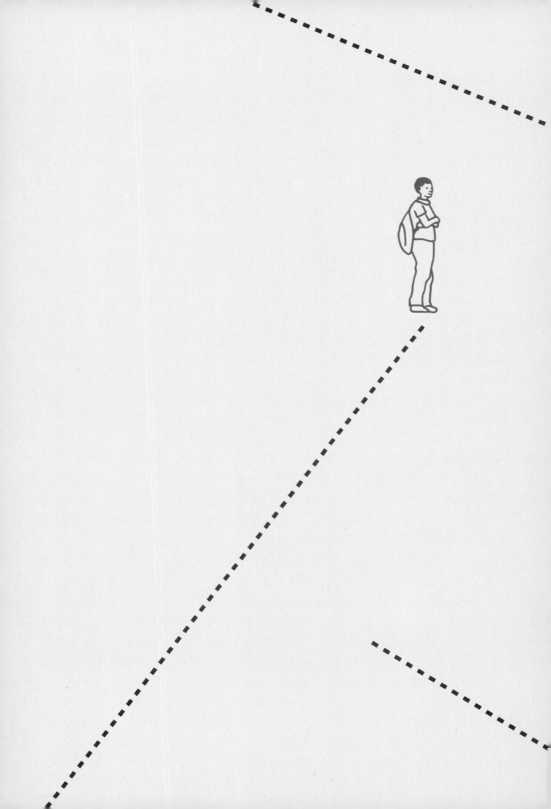

자기만의 방,
자기만의 '게임'방

버지니아 울프Virginia Woolf는 《자기만의 방A Room of One's Own》(1929)
에서 온전히 자신이 쓸 수 있는 방을 가지는 것의 의미에 대해 이야기
한다. 울프가 살던 시기인 19세기 후반에서 20세기 초반에 여성은 남
성보다 공간 사용에 있어 더 많은 제약을 받았다. 도서관이나 학교가
도시 곳곳에 세워져 있었으나 그곳은 누구에게나 개방된 곳은 아니
었다. 성별, 인종 등 사회적 지위에 따라서 특정 장소에 자유롭게 드
나들 수 있는 신분과 그렇지 못한 신분이 나뉘어 있었다.

각각의 공간에는 목적이 있고, 사람들은 그 목적을 실행하기 위해
공간에 드나든다. 특정 장소에 접근할 수 없게 되는 것은 어떠한 기회
의 박탈로 이어질 수 있다. 예컨대 도서관 출입 금지는 독서를 하지
못하게 하거나 지식 활동을 제약하는 것과 같다. 공간 위에 찍히는 발
길이 마치 발화 행위와도 같다는 드 세르토Michel de Certeau[1]의 말을 빌

---

1   De Certeau. M, *The Practice of Everyday Life*, Berkeley: University of California Press,
    1984, pp. 102-108.

리면, 공간 출입이나 사용 권한의 박탈은 언어를 쓰지 못하거나 말을 할 수 있는 기회를 잃는 것이라고도 할 수 있다.

공간으로의 '접근'에 대한 울프의 논의는 점차 공간의 '소유'로 이동하며 외연을 넓힌다. 19세기에 여성은 일에 몰두할 수 있는 개인 소유의 방을 갖지 못했다. 그래서 울프는 가족이 공동으로 사용하는 거실 공간에 주목한다. 남성에게는 서재와 같이 책을 읽거나 글쓰기에 몰두할 수 있는 공간이 허용되었던 반면, 대부분의 여성들은 가정 내 공간에서 자유를 가질 수 없었다. 그래서 거실이 여성들이 가장 오래 머무르는 공간이자 작업 공간이 되었다. 거실은 집의 중심부에 위치하며, 다양한 방을 잇는 통로이자 공용 공간이다. 누군가의 사생활이 보장되는 개인 공간이 아닌, 모든 가족 구성원이 머무르고 지나는 공유의 성격을 지닌다. 여성들은 주로 그런 거실에 머물면서 가족을 돌보며 가사노동을 했고, 글을 쓰는 등 개인 작업 또한 거실에서 수행했다.

울프는 자신만의 서재가 없어 거실에서 문학 활동을 해야 했던 제인 오스틴Jane Austen의 이야기를 빌려 오면서, 제인 오스틴이 쓴 글의 형식이 공간으로부터 결정된 것은 아닐지 추측한다. 거실은 그 성격이 본래 산만하기 때문에, 그곳에서 글을 쓸 때면 많은 집중력을 요구하는 시나 희곡보다는 산문이나 소설을 쓰게 된다는 것이다. 울프는 공간의 성격이 글을 쓰는 행위뿐만 아니라 독서의 태도 또한 결정한다고 말하며, 가사 활동이 여성이 집중하는 시간을 침투하여 독서를 방해하기 때문에 여성의 독서가 단편화되는 경향이 형성된다고 짚어내기도 한다.

여기에서 이야기하는 '글'을 쓰고 읽는 공간을 '게임'하는 공간으로 치환해 보면 어떨까? '게임하기'란 기본적으로 인간과 기계가 신호를 주고받는 것이다.[2] 따라서 게임하기의 조건을 생각하려면 기계가 존립할 수 있는 조건을 먼저 주목해야 한다. 앞으로 논의는 바둑이나 술래잡기가 아닌, 1970년대 이후 등장한 전자기기 위에서 발현되는 디지털 게임에 한정할 것이다. 디지털 게임은 전기적 신호가 작동하는 기계가 있어야만 게임을 실행할 수 있고, 나아가 그 기계가 설치될 공간이 반드시 필요하다. 디지털 게임은 가상현실이기 이전에 다양한 물리적 기반 위에 놓여 있어야 실행될 수 있다.

그렇다면 자기만의 '게임방'에 들어갈 구성물을 구체적으로 상상해 보면 어떤 모습일까? 게임 플랫폼에 따라서 다르겠지만, PC 게임을 생각한다면 넓은 책상과 의자, 전기가 연결된 PC와 주변 기기 같은 물질들이 먼저 떠오른다. 콘솔 게임기는 보통 큰 공간인 거실에 놓이며, 거실의 TV와 플레이할 수 있는 푹신한 의자가 함께 사용된다. 모바일 게임은 가장 기본적인 조건으로 인터넷이 필요하고, 게임을 자유롭게 플레이할 수 있는 사양의 스마트폰이 있어야 실행될 수 있다. 이렇듯 게임을 플레이할 수 있는 물리적인 환경이 갖추어지지 못한다면 디지털 게임은 존재할 수 없다. 게임을 하기 위해 전제되는 조건이 반드시 있다. 실행할 수 있는 기계장치를 가지고 있는지, 나아가

---

2 Galloway. A. R, *Gaming: Essays on algorithmic culture* (Vol. 18), University of Minnesota Press, 2006.

그것을 플레이할 공간을 확보할 수 있는지에 따라서 게임을 할 수 있는 능력과 게임 문화의 접근 가능성은 크게 달라진다. 플레이어의 상황에 따라 플레이할 수 있는 게임의 종류가 한정되거나 아니면 게임 자체에 접근이 불가한 경우도 있다.

이 글은 누구에게나 열려 있다고 여겨지는 게임과 게임 문화가 지니고 있는 다층적인 진입 장벽에서 논의를 시작한다. 게임 속 공간은 현실의 조건으로부터 독립적으로 존재하는 순수한 공간으로 으레 비춰지기 마련이다. 게임뿐만 아니라 최근 주목받는 '메타버스metaverse'를 통해 가상현실은 이미 경쟁 포화상태인 현실에서 벗어나 새로운 가치를 창출하는 공간으로 기대를 받고 있다. 산업계는 물론 정부 관계 부처에서도 "가상과 현실이 융합된 공간에서 사람과 사물이 상호작용하고 경제, 사회, 문화적 가치를 창출하는 세계"로 메타버스라는 키워드를 정의하며 산업 육성을 지원하고 나설 정도이다.[3] 이제 가상현실은 또 다른 현실, 혹은 '두 번째 현실'로 여겨질 만큼 그 위상이 달라졌다.

그러나 가상현실은 현실에서 그곳으로 진입하는 과정을 거쳐야만 경험할 수 있는 공간이다. 현실을 살고 있는 우리가 가상현실로 가기 위해서는 물리적인 '접속'이나 '접근' 행위가 필요하다. 게임을 하려면 컴퓨터가 놓여 있는 책상에 앉아서 전원 버튼을 켜거나 VR 기기를 연

---

3 범정부 합동, 〈메타버스 신산업 선도전략〉, 과학기술정보통신부, 2022.

결하여 머리에 장착해야 한다. 그런데 가상현실을 이야기할 때는 이러한 과정들이 생략되고 주로 정지된 이미지의 스크린 숏이나 화면을 촬영한 동영상으로 그려진다. 현실에서 연결 중인 상태는 잘 비춰지지 않는다. 무언가 빠져 있는 상태로 담론이 형성되고 정책이 입안된다. 화면을 평면적으로 캡처한 그래픽 이미지 상태의 가상공간을 이야기하기 전에, 카메라의 시야를 한 차원 넓혀서 게임의 기계가 놓인 공간과 그 기계를 인간이 사용하는 모습까지 포착할 필요가 있다.

이러한 관점에서 중요한 것은 게임을 플레이할 기계를 가진 사람과 가지지 못한 사람, 기계를 사용할 수 있는 능력이 있는 사람과 없는 사람, 기계가 있는 공간에 들어갈 수 있는 사람과 없는 사람의 분화를 감각할 수 있는지의 문제이다. 바로 여기에서 여러 연구들이 참조된다. 이 글은 현실에서 가상현실로 이동한다는 점에서 모빌리티적 접근을 기저에 깔고, 모틸리티motility에 관한 논의와 미디어 인프라스트럭처, 그리고 디지털 디바이드digital divide 등 현실에서 가상현실로 진입하는 모빌리티 경험에 선행되는 다양한 조건을 짚는 논의들을 해당 문제를 분석하기 위한 방법론으로 삼는다.

어떤 이동을 계획하는가:
모틸리티와 삶의 가능성

공간의 접근과 소유 여부는 삶의 방향성을 결정하는 중요한 조건이다. 뱅상 카우프만Vincent Kaufmann이 '모틸리티' 개념으로 풀어낸 사례는 이러한 관점을 해석하는 데에 주요한 도구가 된다. 모빌리티와 모틸리티는 철자가 비슷하지만 뜻이 미묘하게 다르다. 모빌리티가 이동하는 성질 그 자체에 가깝다면, 모틸리티는 이동할 수 있는 가능성, 즉 사전에서 번역한 바와 같이 스스로 움직이는 힘을 뜻하는 자동력自動力에 더 가깝다. 본래 생물학이나 의학에서 유기체의 운동 능력을 지칭하는 데에 사용되었던 모틸리티는, 사회학의 관점에서 유동성이 있는 사회적 현상의 성질에 대해 말하거나 개인의 신체가 이동할 수 있는 조건을 설명할 때 조금씩 차용되기 시작했다.

모틸리티에는 개인의 이동 역량을 정의하는 요소들만이 아니라 이동할 수 있는 기회, 이동할 수 있는 기술의 발휘, 이동의 실행을 가능하게 하는 다양한 조건이 포함된다.[4] 즉, 개인이나 집단이 주어진 이동 가능성을 토대로 어떠한 욕구를 가지거나 계획을 세우고 실천하는 방식이 모틸리티라는 용어로 함축되는 것이다. 그런 의미에서 모틸리티는 비교적 모빌리티 연구의 과거에 위치하며 연구의 보완점을 이끌어 낼 수 있다.[5] 카우프만의 말을 빌리면, 발생 중이거나 이미 발생한 이동을 주로 살피는 것이 일반적인 모빌리티 연구라면, 그 이동

4 Kaufman. V., *Re-thinking the City: Urban Dynamics and Motility*, 2011. (뱅상 카우프만, 《도시를 다시 생각한다》, 최영석 옮김, 앨피, 2021.)

5 Kaufmann, V., Bergman, M. M., & Joye, D., "Motility: mobility as capital," *International Journal of Urban and Regional Research* 28-4, 2004, pp. 745-756.

이 발생하기 전에 모빌리티 행위자들의 관계가 형성했던 이동의 가능성·예측·상상력에 주목하는 것이 모틸리티적 접근인 것이다.

예를 들면, 도시에 집을 소유한 사람의 삶의 이동 가능성·예측·상상력과, 다른 이의 집을 일정 기간 동안 임대하거나 시외 지역에 집을 소유해 거주하는 사람의 가능성은 크게 달라진다. 또한 운전면허증을 가지고 있는지, 차를 가지고 있는지에 따라서도 앞으로의 모빌리티는 달라질 것이다. 운전면허가 없는 상황에서의 이동은 대중교통에 기반하여 제한적으로만 상상된다. 모틸리티에 따라 욕망할 수 없는 것과 있는 것이 가려진다. 행위자가 살면서 체득해 온 사회자본이나 문화자본에 따라서 지식과 역량이 달라지고, 이동의 계획 수립의 범위도 차이가 발생한다. 모틸리티가 말하는 욕망, 욕구, 계획, 상상과 같은 개념은 이동과 얽혀 있다. 모틸리티는 어떠한 일을 계획할 수 있는 역량이다. 현 상태에서 다음 상태로 이동의 선택지를 결정하는 능력과 가능성, 그리고 욕망과 욕구로서의 '할 수 있다'와 '할 수 없다'의 감각 그 자체이다.

그래서 모틸리티는 일종의 자본 형태로 고려되기도 한다. 경제적 자본이나 사회적 자본, 문화적 자본 등이 모틸리티 형성에 영향을 준다. 그렇게 되면 자연스럽게 모틸리티는 또다시 다른 자본의 형성에 관여하게 될 것이다. 마치 순환 구조와 같다.

카우프만은 게임하는 상황을 '이동 없는 모빌리티'라고 이야기하기도 했다. 가상현실로의 모빌리티는 물리적 공간에서의 이동은 없지만 모빌리티가 발생하는 상황이다. 물론 이동 없는 모빌리티라는 표현은 정확하게는 PC나 콘솔·아케이드 게임 등 게임 기계와 공간이 고정되어 있는 경우에만 해당하며, 움직이는 지하철에서도 게임을 할 수 있는 모바일 게임에는 해당하지 않는다. 치밀한 잣대는 잠시 내려두고, 모빌리티 논의를 바탕으로 가상현실로의 모빌리티에서 작용하는 조건들을 생각해 보자. 게임이 만드는 가상현실로 이동할 때 현실의 자본은 얼마만큼 갖춰졌는지, 게임의 공간으로 들어가고자 하는 욕구, 욕망, 상상력은 충분한지를 되물어보는 것이다.

인터넷은 모두에게 열려 있지 않다
: 모빌리티 인프라스트럭처와 디지털 디바이드

어떠한 일들을 가능하게 하는 사회 저변에 깔린 구조들을 통상적으로 인프라스트럭처(또는 인프라)라고 부른다. 미디어 이용 관련 논의에서도 마찬가지로 '미디어 인프라'를 다룬다. 미디어 인프라는 방송과 위성, 인터넷과 이동통신 등의 미디어 장치는 물론이고 데이터센터, 해저 케이블, 이동통신 기지국과 같은 구조물 및 그것을 관리하는 인간의 노동력까지 포함한다.[6] 그러나 미디어 인프라는 반드시 있어야 하는 존재임에도 불구하고 눈에 보이지 않아서 자칫 당연하거나

---

6 이희은, 〈미디어 테크놀로지의 물질성: 인프라로서의 미디어 네트워크를 향한 탐색〉,《모빌리티 인프라스트럭처와 생활세계》, 앨피, 2020, 37~67쪽.

없는 것으로 여겨지기 십상이다. 물질성을 중심부에 깔고 있으나 동시에 비가시성을 띠게 되는 것이다. 스마트폰의 화면처럼, 최종 이용자에게는 매개된 관계의 말단의 형태만 남기 때문에 그렇다.

스마트폰을 미디어 기기의 대표적인 예로 들어 보면, 스마트폰을 사용할 때 기기 화면 위에서 그래픽이 섬세하게 변화하는 동안, 그 이면에서는 화면 바깥의 거대 구조가 동시에 작동한다. 통신사업자가 세운 기지국, 인터넷 연결망, 세계 각지에 분포된 서버실이 총체적으로 작동하여 '스마트폰 이용'의 상황을 만들어 낸다. 이렇게 계속 줌아웃을 하면서 미디어 기기 화면의 바깥을 생각해 보면, 스마트폰 이용 비용은 단지 기계 한 대의 가격이라 단정 짓기 힘들다. 기계 구매 비용뿐만 아니라 전화와 인터넷을 사용하기 위한 통신사 가입비, 인터넷 사용료, 전기 수급 일반을 모두 고려해야 실질적인 스마트폰 이용 비용이 추산된다. 이는 단순히 기계를 사고 말고의 문제가 아니다.

현재의 인터넷 형태인 월드 와이드 웹www은 40여 년 전 팀 버너스 리Tim Berners-Lee가 처음 만든 것이다. 웹 시스템을 고안한 그는 이 가능성의 공간이 누구에게나 개방된 곳은 아니라고 생각하여 2009년 비영리 조직 '웹 재단Web Foundation'을 설립한다. 이 웹 재단 산하에 최근 '저가인터넷연합Alliance for Affordable Internet; A4AI'이라는 조직이 새롭게 출범하였다. 이 조직은 웹 재단과 동일한 방향성 아래에서 특히 인터넷 접근의 불평등에 주목한다. 어떤 국가에서는 당연한 인터넷의 자유로운 사용이, 미디어 인프라가 갖춰지지 않은 다른 국가에서는 당연하지 않을 수 있다. 인터넷 접근성 격차 해소를 위해 이들은 정책적인 방안의 근거를 만들어 내고 있다. 특히 아프리카, 중앙아시아, 남부아시아, 남아메리카에 주로 위치한 소득 수준이 낮은 국가를 중심으로 현황을 살펴보고 있다.

A4AI의 조사에 따르면, 평균적으로 여성보다 남성이 21퍼센트 더 많이 온라인에 접속할 수 있다.[7] 국가에 따라 크게 52퍼센트까지도 차이가 발생한다. 인터넷은 누구나 사용할 수 있지만, 실제로 누구나 사용할 수 있는 것은 아니다. 집단이 처한 조건에 따라서 인터넷이 만들어 낸 세상에 들어올 수 있거나 없다. 이는 단순 접근의 문제에서 나아가 삶 전체에 장기적인 영향으로 이어진다. 오늘날 세상 자체가 온라인을 중심으로 돌아가고 있는데,[8] 온라인에 들어가지 못한다는 것은 세상으로부터 차단되는 것과 마찬가지다. 온라인 세상에서 영향력을 주고받지 못하면, 인터넷을 통한 잠재적인 경제적 이익을 얻을 수 있는 기회를 잃거나 각종 혜택에서 배제된다. 온라인에서 드러나지 않는 존재는 실제로 '없는 존재'로 느껴지기도 한다. 이러한 감각은 우리의 삶이 그만큼 인터넷 연결, 가상현실과 밀접하게 맞닿아 있기 때문이다. 가상공간이 현실을 대체하는 속도가 가속화되는 지금, 인터넷 사용 격차는 장기적으로 치명적인 영향으로 다가올 것이다.

---

7 A4AI, *The Costs of Exclusion: Economic Consequences of the Digital Gender Gap*. 2021.
8 2022년 4월, 온라인의 자유롭고 평등한 특성을 강조하며 트위터 인수 의사를 밝힌 세계적인 부호 일론 머스크Elon Musk를 향해서 세계적인 온라인 커뮤니티 '레딧Reddit'의 CEO 이샨 웡Yishan Wong은, 머스크가 기억하는 현실로부터 해방되던 공간인 과거의 인터넷은 이제 없으며 "인터넷은 이제 세상 전체다"라고 지적한 바 있다.

A4AI의 조사 결과는 인터넷 이용 격차에서 성별이 변수로 작용하고 있음을 보여 준다. 많은 국가의 여성들이 스마트폰, 그리고 스마트폰을 통한 인터넷 이용을 하지 못하는 이유가 무엇일까? 우선, 여성의 경우 인터넷 이용 비용을 감당하기 어렵다는 것이 가장 큰 이유이다. 제일 저렴한 모델의 스마트폰이라도 개인이 감당하기 어려운 가격이거나 해당 국가에서 판매되는 가격이 너무 높을 경우 접근의 장벽이 발생한다. 남녀 소득격차가 이미 크다면 장벽은 더욱 높아진다. 또한 소유권의 문제도 있다. 스마트폰을 가질 수 있고 구매력이 있음에도, 자신이 자유롭게 사용할 수 있는 소유권 자체가 부재할 수 있다. 통계에 따르면, 여성은 남성보다 스마트폰을 15퍼센트 덜 소유하는 것으로 나타났다. 그 외에도 프라이버시 또는 안전성의 문제로 인해 여성은 자신의 개인정보가 온라인상에 드러나는 것에 두려움을 가질 수 있으며, 어렸을 때부터 기술 교육에 참여하는 것을 지지 받지 못했을 경우 리터러시literacy와 사용 능력이 부족하여 온라인 진입에서 배제될 수 있다.

인터넷 접속의 동등한 기회만큼 인터넷 이용의 질 또한 중요하다. A4AI의 조사는 '의미 있는 연결meaningful connectivity'이라는 척도를 활용하고 있다.[9] 이 척도는 단순히 온라인 여부로 모든 것을 결정하는

---

9 A4AI, "Advancing Meaningful Connectivity: Towards Active & Participatory Digital Societies.", 2022.02.28. https://a4ai.org/research/advancing-meaningful-connectivity-towards-active-and-participatory-digital-societies (검색일: 2022년 8월 20일)

것이 아니라, 온라인의 질을 측정하자는 관점에서 만들어진 프레임 워크다. 이 프레임워크에 기반하여 빠른 인터넷 속도, 스마트폰 소유권, 가정이나 직장·학교 등에서 부담 없이 접속할 수 있는 가능성, 그리고 인터넷을 매일 사용할 수 있는지의 여부가 종합적으로 고려된다. 콜롬비아, 가나, 인도, 인도네시아, 케냐, 모잠비크, 나이지리아, 르완다, 남아공을 중심으로 진행된 조사에서 오직 10명 중 1명만이 의미 있는 연결이 가능한 조건을 가지고 있었다. 또한 앞의 조사 결과와 마찬가지로 젠더의 차이가 드러나, 남성이 여성보다 의미 있는 연결의 권리를 더 가지고 있는 것으로 나타났다.

오늘날 가장 쉬운 인터넷 접속 방법은 스마트폰 사용이다. 그러나 전 세계인 누구나 스마트폰을 가지고 있지는 않다. 스마트폰이라는 인터넷 접속 기기에 주목한 조사에 따르면, 스마트폰의 가격은 전 세계 평균 월급의 26퍼센트를 차지한다.[10] 이는 애플이나 삼성 같은 고가의 스마트폰 브랜드가 아닌, 세계에서 가장 저렴한 가격의 스마트폰을 기준으로 했을 때의 수치다. 스마트폰 구매 가격이 월급에서 차지하는 비중은 지역마다 다른데, 대체로 남아시아 또는 사하라 아프리카 등지의 국가는 월급의 40퍼센트를 초과했고, 월급의 50퍼센트에 해당하는 국가도 있었다. 동일한 기준을 적용했을 때 월급의 2퍼센트밖에 되지 않는 북미의 결과와 매우 차이가 크다. 당연한 것, 누

10　A4AI, "How expensive is a smartphone in different countries?," 2021.

구나 이용 가능한 것이라고 생각되는 스마트폰은 소유 단계부터 일종의 여러 허들이 놓여 있어 인터넷 이용 격차를 만들어 낸다.

흥미로운 사실은, 오히려 빈곤한 국가의 경우 시장에서 저렴한 스마트폰 브랜드를 구매할 수 없었다는 점이다. 빈곤한 국가는 적절한 유통망이 구축되지 못하여 저가 스마트폰이 수입되지 않았다. 반면 부유한 나라인 영국에서는 고가 스마트폰부터 최소한의 기능을 담은 저렴한 스마트폰까지 다양한 시장 선택지들이 제공되며 판매되고 있었다. 같은 조사에서 영국의 가장 저렴한 스마트폰이 약 26달러였던 데 비해, 아제르바이잔에서는 가장 저렴한 선택지가 아이폰 12 모델로 약 800달러 수준이었다. 아제르바이젠의 스마트폰 판매자가 유통망을 확립하지 않았기 때문에 애플 제품만 구매할 수 있게 된 것이다. 이렇게 가장 필요한 곳에서 오히려 구하기 어려운 아이러니가 발생한다.

인터넷이라는 디지털 공간의 개방성과 초국적 연결성에 대한 큰 기대와는 다르게, 인터넷은 아직 모두에게 열려 있지 않다는 근거들이 여전히 제기되고 있다. 같은 맥락으로 디지털 기기 이용에서 발생하는 격차를 뜻하는 '디지털 디바이드'라는 사회적 문제가 오래전부터 대두되어 왔다. 처음에 디지털 디바이드 문제는 곧 사라질 문제처럼 보였다. 부유한 사람은 비싼 기계를 사용하고 그렇지 못한 사람은 저렴한 기계를 구입하는 문제가 있지만, 시장 원리에 따라서 컴퓨터 가격이 점점 내려갈 것이라고 봤기 때문이다. 종국에는 누구나 디지털 기기를 소지하고 편리하게 사용하게 될 것이라고 생각했다.

하지만 구매 비용 하락을 통해 물질적 접근 장벽을 낮추는 것이 해결책이 될 것이라는 기대는 근시안적 접근이다. 비용의 문제를 떠나서, 부르디외Pierre Bourdieu가 주장한 여러 종류의 다양한 자본들이 각각의 연유로 디지털 디바이드를 형성하는 원인이 되고 있다. 수입·인터넷 연결·디바이스 구입과 연관된 경제자본, 접근 능력이나 인적 네트워크 등 사회적 지원을 포함하는 사회자본, 체화된 언어나 머릿속에 들어 있는 지식과 사회적 제도에 대한 포섭 정도를 포괄하는 문화자본 등이 총체적으로 영향을 미친다. 격차는 단순히 비용 부족의 문제로 환원되지 않는다.

이러한 관점에서 2000년대 이후 디지털 디바이드의 문제는 단순히 기계의 소유 여부를 넘어서 다양한 차원에서 접근되었다. 누가 디지털 미디어를 소유하는지, 누가 디지털 미디어를 사용하는지, 혹은 각자 보유한 기술의 사용 능력이 다른 것은 아닌지 등, 이용 격차 문제로 확장하여 보게 된 것이다.[11] 경제적 수단과 사회적 기회에 따라 격차가 발생할 수 있다는 디지털 디바이드의 관점이 시사하는 점은, 모틸리티라는 이론적 틀과 통하는 지점이 있다.

모빌리티 인프라스트럭처는 최종 사용자에게 보이지 않기 때문에 당연하게 생각된다. 하지만 아직도 많은 국가들에서 당연하다고 생각되는 인터넷 접근에서조차 장벽에 부딪히며 디지털 디바이드 문제

---

11 Dijk. J, *The Digital Divide*, Cambridge: UK, 2020. (얀 반 다이크,《디지털 디바이드》, 심재웅 옮김, 유재, 2022.)

는 여전히 해결되지 않은 채 남아 있다. 비단 비용 부족이나 인프라스트럭처의 부재뿐만이 아니라, 이용자의 성별도 접근의 장벽으로 작용한다. 이러한 배경을 딛고서, 게임의 세상으로 이동할 수 있는 모틸리티를 연결하여 생각해 보면 공간적으로 게임에 접근할 수 있는지(게임과 관련된 공간이 근처에 있는가?, PC방에 자유롭게 드나들 수 있는가?, PC방에 갈 수 있는가?), 혹은 물질적인 접근이 가능한지(적절한 사양의 컴퓨터를 보유할 수 있는가?), 기술적인 접근이 가능한지(인터넷이 연결되어 있는가?, 기술 능력이나 리터러시가 있는가?)까지 고려할 수 있다. 뿐만 아니라 게임 이용자들이 사회적으로 연결되어 있다는 점에서, 게임 문화가 형성하는 경계 내부에서 포용되는 자극을 받고 지원 받을 수 있는 조건도 살펴볼 필요가 있다.

게임과 공간의 문제를
탐구하는 연구들

이렇듯 모틸리티 · 미디어 인프라스트럭처 · 디지털 디바이드 등의 다양한 논의를 참조했을 때, 게임 상황도 디지털 미디어 이용 상황과 마찬가지로 게임이 놓여 있는 공간의 구성, 게임 기계 소유 및 접근 등을 둘러싼 다양한 조건과 독립적으로 존립할 수 없다고 말할 수 있다. 게임 산업이 발전하면서 게임 이용자 집단은 다양한 인구통계학적 특성의 사람들을 초대해 왔다. 게임이 플레이되는 공간은 집 안 혹은 집 바깥으로 확장되었다. 이러한 상황에서 서로 다른 연구 기반을 가진 전 세계의 연구자들은, 각기 다른 문화적 맥락 속에서 게임의 공간과 기계 이용이 만들어 내는 역학에 주목하는 선행 연구들을 해 왔다.

이후의 논의는 게임의 다층적 조건에 대한 문제와 연결되는 다양한 기존 연구들을 살펴보고자 한다. 연구자들은 전 세계 각지에 흩어져 있고 학문적 근간 또한 달라서 서로 떨어져 위치한 것처럼 보이는데, 이 글은 그럼에도 각각의 연구들이 동일한 문제의식과 접근 방식을 보인다는 점을 드러내고자 하며, 이를 위해 연구를 발굴하고 수집하는 데 집중하고자 한다. 게임하기의 상황에서 어떠한 조건들이 작용하였는지 심층 면접, 문화기술지 등 다양한 방법론을 통해 게임의 조건과 접근성, 분화에 대해 탐구하는 연구들을 다시금 읽어 내면서 장벽을 손으로 감각해 본다.

컴퓨터가 집 안으로 처음 들어왔을 때 (2001년)

1990년대 후반, 당시 한국은 '1가구 1PC' 정책이 확산되면서 집 안에 개인용 컴퓨터를 설치하는 풍속이 빠르게 전파되었다. PC방이 생긴 것도 그때였다. PC라는 것이 가정의 필수 기기처럼 여겨지기 시작했지만, 가격은 보급화에 걸맞지 않게 저렴한 편이 아니었다. 중산층 가정에서 컴퓨터를 2대 이상 보유하기는 어려웠다. 나미수[12]는 여기에

---

12 나미수, 〈홈컴퓨터의 소비를 통해 본 젠더와 테크놀로지에 관한 연구〉, 《한국언론학보》 46(1), 2001, 72~11쪽.

주목하여 여유롭지 않은 제한된 기계 구매 및 이용 상황에서 어떻게 가정용 컴퓨터가 가정화되는지, 가정 내에서 어떠한 역학 속에 위치하는지를 탐구했다.

과거 20세기의 신문물인 라디오와 텔레비전은 집 안으로 수입되어 하나의 중요한 기물이자 귀중한 자산으로서 일상 문화를 형성했다. 기술의 가정화[13]에 대한 이론이 이를 잘 설명한다. 이 맥락은 외부에서 사용되던 어떤 기기가 가정용 기기가 되면서 가족 간의 역학 속에 자리 잡는 과정을 짚어 낸다. 예를 들어, 텔레비전의 경우 안방에 들어오면서 가족의 공동체 경험을 만들어 냈으며, 그와 동시에 텔레비전 채널 주도권은 기존에 존재하던 가족 구성원의 권력에 영향을 받았다.[14]

이러한 연구 흐름에서 나미수는 텔레비전과 라디오의 자리에 '컴퓨터'를 대입한다. 부모와 자녀로 구성된 여러 가족을 만나 이들이 어떻게 PC를 집에 들이게 되었고, 주로 누가 이용하였는지, 소유권이나 통제권은 누가 가졌는지를 심층 면접 연구 방법을 통해 밝혀냈다.

우선, PC를 다루는 기술은 남성성의 영역에 해당하는 것으로 정의되었다. 인터뷰했던 가정의 여성들은 컴퓨터를 남성이 영역으로 규

13　Silverstone, R, *Consuming Technologies: Media and information in domestic spaces*, London, New York: Routledge, 1992.

14　이상길, 〈텔레비전의 일상적 수용과 문화적 근대성의 경험: 1960~70년대를 중심으로〉, 《언론과 사회》 27(1), 2019, 59~129쪽.

정하는 경향을 보였으며, 인터뷰 자체에 적극적으로 참여하지 않는 태도를 드러냈다. "난 컴퓨터에 대해 별로 할 얘기가 없어요. 남편이랑 아들이 주로 쓰지, 난 별로" 등의 답변이 수집되었다. 반면 남성 참여자들은 달랐다. 남성들은 컴퓨터를 몰두할 만한 가치가 있는 대상으로 그렸다. 이들은 컴퓨터를 통해 구현되는 세계를 창조성과 상상력을 구현하는 가능성의 공간으로 언급하였다. 그러한 관점으로 컴퓨터를 대하면서, 남성 인터뷰이들은 자신이 기술을 다룰 줄 아는 능력을 가지고 있다는 점을 과시하곤 했다. 이러한 인터뷰이들의 태도를 통해서 컴퓨터 활용 능력이 젠더화되어 있다는 사실을 확인할 수 있다.

또한 컴퓨터에 작용하는 권력은 기존에 존재하고 있던 가정 내 권력 구조와 조응했다. 컴퓨터 구입은 가정에 컴퓨터를 도입하는 첫 번째 관문이라고 볼 수 있다. 대부분의 가정에서 컴퓨터 구입 결정은 남성에 의해서 이루어졌는데, 그 배경에 다양한 요인들이 있다. 우선 남성이 컴퓨터에 대한 관심이 더 컸고, 컴퓨터 기술에 대한 가치 평가도 더 높았다. 그리고 가정의 지출과 소비가 가족 부양자인 남성의 취미나 관심을 반영하는 방향으로 이루어졌다는 점과도 밀접한 관련이 있다.

그렇다면 컴퓨터를 처음 구입하게 된 동기는 어떨까? 구입 이유에 대한 진술에서도 여성과 남성의 차이가 뚜렷이 나타났다. 남성은 주로 직업적 목적이나 개인적 호기심 등을 컴퓨터 구입 이유로 언급한 반면, 여성 참여자의 3분의 2 이상은 자녀 교육 때문이라고 답했다. 남성의 구입 결정은 자기 자신의 목적에서 출발했고, 여성은 자기 자신이 아닌 다른 가족 구성원의 필요성에 근거하였다.

　한편, 당시에는 컴퓨터가 고가였기 때문에 대개 가족 구성원 전체가 컴퓨터 1대를 공유했는데, 이처럼 제한된 자원인 컴퓨터의 소유와 이용에는 가족 구성원 간 위계질서가 작용했다. 컴퓨터를 이용하고 싶을 때 제한받지 않고 이용할 수 있는 가족 구성원은 주로 남성과 자녀들이었다. 자녀의 경우 공부에 필요하다는 전제하에 자유롭게 이용했다. 하지만 오락적 이용에는 부모의 통제가 작용했다. 그중 아버지(남편)의 컴퓨터 이용은 전체 가족 구성원의 이용 중 가장 위에 위치하였다. 컴퓨터가 가정 내에 있다 보니, 컴퓨터라는 기술과 기계 역시 가부장적 권력의 연장선에서 사용된 것이다. 컴퓨터 이용의 우선권을 정하는 기준은 "무엇 때문에 이용하느냐"가 아니라 "누가 이용하느냐"에 있었다.

　컴퓨터가 놓이는 공간과 관련해서는 기존에 가족들이 고수하던 공간 인식이 컴퓨터의 위치를 결정하는 데에 중요한 요소로 작용하였다. 텔레비전 시청은 온 가족이 함께할 수 있는 활동인 반면, 컴퓨터는 개인적 활동으로 간주된다. 미디어의 위치는 환경에 대한 가정 내 인식에 영향을 받았다. 각 가정 공간의 기능과 역할에 대한 인식에 근거하여 미디어 배치 전략이 수립된 것이다. 어떤 가족은 컴퓨터를 거실에 두었는데, 그 이유는 거실에 특별한 의미를 부여했기 때문이다. 이들에게 거실은 온 가족이 가족 공동의 시간을 보내며 함께하는 공간으로 인식되었다. 어떤 가정은 아내가 기존에 안방에 설치해 두었던 컴퓨터를 거실로 옮겼다. 남편이 컴퓨터를 하면서 가족 간 대화에서 단절된다고 생각하여 '가족 시간'과 '가족 공간'으로 남편을 합류시려는 아내의 대응책이었다. 아내(여성)는 가정관리자로서 이상적인 가정상으로 가족 공간에 모두 모여 있는 화기애애한 모습을 구현하는 것을 목표로 삼고, 그 인식에 바탕하여 컴퓨터가 있어야 하는 장소를 설정하고 조정했다.

추가적으로 나미수의 연구는 가사노동과 여가 활동이 컴퓨터 이용과 어떤 관련이 있는지를 다룬다. 많은 여성 참여자들은 공통적으로 "컴퓨터를 할 시간이 없다"고 했으며, 이어서 "집에 오면 할 일이 산더미인데 언제 그거 하고 앉아 있어요. 가끔씩 우리 애 공부하는 거 봐주는 게 다죠. 그리고 피곤하니까 시간이 나면 쉬고 싶지, 아무것도 하고 싶지가 않아요" 등의 답변이 나왔다. 테크놀로지 소비에 있어서 중요한 자원인 '시간'이 불평등하게 분배되고 있음을 알 수 있다.

여성의 여가 시간은 컴퓨터 사용이나 게임 플레이가 아니라, 휴식이나 TV 시청과 같은 활동으로 채워지는 경우가 많았다. 중년 여성이 웹 보드게임인 '고스톱'을 즐겨하는 이유도 같은 맥락 위에 있다.[15] 가사노동은 여가 활동의 성격을 규정한다. 텔레비전 시청은 다른 가사노동과 병행하는 것이 가능하지만, 컴퓨터를 이용하면서 다른 가사노동을 병행하기는 매우 어렵다. 따라서 일과 중 시도 때도 없이 침투하는 가사노동을 수행해야 하는 상황에서, 짧은 시간 내에 게임이

---

15 윤태진·장민지, 〈고스톱 치는 아줌마들: 중년 기혼 여성들의 웹보드 게임 경험에 관한 연구〉, 《한국언론정보학보》 62(2), 2013, 51~73쪽.

끝나고 원하는 때 쉽게 재개할 수 있는 형식의 고스톱이 중년 여성의 여가로 선택되었다.

해당 연구는 지금으로부터 약 20여 년 전에 수행되었으므로, 가족 구성원 간 성별이나 가정 권력 내 위치에 따른 컴퓨터의 이용 및 태도의 편차가 지금보다 강하게 나타났을 것이다. 그래도 이 연구는 당시 컴퓨터라는 기계가 한정된 자원으로 기능했을 때 발생하는 여러 현상을 들여다보는 좋은 틀을 제공하고 있다. 연구가 진행될 당시에 유년기를 보낸 자녀들은 지금은 성인이 되어 PC를 사용하고 있을 것이다. 현재의 사용 경험은 과거에 체득한 경험으로부터 많은 것들을 물려받게 된다. 오늘날 가정 내 컴퓨터 이용의 배경을 바라볼 때 과거의 경험으로부터 형성된 습관에서 이해를 끌어올 수 있는 힌트를 제공하는 자료인 셈이다.

전자오락실, PC방, 모바일 게임 공간에서 게임 경험의 차이 (2016년)

매직 서클magic circle 개념은 게임의 공간적인 경험을 연구할 때 해석의 틀로서 자주 사용된다. 하위징아Johan Huizinga[16]가 처음 언급하고 후대 게임 연구자들이 확립한 매직 서클은, 게임의 상황이 현실 공간과 분리되어 있으면서 독자적인 게임의 룰이 적용되는 어떤 의식적이고 감각적인 공간 경계를 뜻한다. 예를 들어, 놀이터에서 친구들끼

---

16 Huizinga. J, *Homo Ludens: A Study of the Play Element in Culture*, 1938. (요한 하위징아, 《호모 루덴스: 놀이하는 인간》, 이종인 옮김, 연암서가, 2018.)

리 술래잡기를 할 때 놀이터는 암묵적으로 그 경계선 내부에만 놀이의 규칙이 적용되며 그 바깥과 대비되는 놀이의 상황이 벌어지는 공간이 된다.

이 개념을 확장하여 이수엽 외[17]의 연구자들은 전통적 의미의 매직 서클(1차)과 함께 그보다 확장된 '2차 매직 서클'을 설정한다. 2차 매직 서클은 게임이라는 미디어가 어떻게 놓여 있는지의 문제와 관련된다. 게임이 구동되는 환경인 플랫폼은 하드웨어나 소프트웨어 등 시스템 전반을 포함한다. 예컨대, 인간이 기계를 사용하면서 마주하는 시각적 또는 물리적인 부분으로서 버튼이나 레버 또는 화면 속 창이나 메뉴 등을 뜻하는 인터페이스interface가 이에 해당한다. 오락실 게임기의 조이스틱을 붙잡거나 마우스나 키보드를 손에 쥐듯, 게임기의 인터페이스는 신체의 움직임과 긴밀하게 연결된다. 여기에 더해서 게임을 플레이하는 신체의 주변 상황, 즉 주변에서 발생하는 상호작용, 게임기가 놓인 공간의 의자나 조명, 구경하고 지나다니는 사람들과 주변의 소음 같은 환경적·물리적 경계까지 포함하는 범주가 2차 매직 서클로 정의된다. 더 나아가 2차 매직 서클은 게임에 관한 사회적, 경제적 담론까지 포함한다. 이러한 담론적인 층위 또한 게임하기의 상황에 영향을 미치고 1차 매직 서클로의 진입을 매개하기 때문이다.

---

17 이수엽·채다희·박근서,〈게임 공간과 게임 플레이의 변화: 전자오락실, PC방, 모바일 게임 공간을 중심으로〉,《사이버커뮤니케이션학보》33(1), 2016, 89~137쪽.

연구자들은 다양한 측면 중에서 게임을 플레이하는 신체의 주변 상황을 뜻하는 2차 매직 서클에서의 질서가 가시화되어야 할 필요성을 강조한다. 이러한 문제의식에서 2차 매직 서클의 양태를 알아보기 위해 심층 면접 방법을 통해 게임 이용자들을 만나고, 전자오락실·PC방·모바일 게임 공간을 세 개의 대표적인 게임 공간으로 나누어 다룬다.

　　가장 먼저 언급되는 전자오락실은 흔히 아케이드 게임장이라고 불리는 곳으로, 커다란 게임기와 스피커가 곳곳에 놓여 있는 개방된 공간이다. 각각의 게임기에는 게임의 조작 방식에 상응하여 조이스틱이나 버튼과 같은 인터페이스가 특화되어 설치되어 있다. 전자오락실에서의 게임 경험은 PC를 조작하는 것보다는 더 큰 기기에서의 신체 활동을 요구하고, 칸막이가 따로 없어 주변 사람들의 움직임이나 시선을 허용한다. 이곳의 공간 이용자들은 구경하기와 도발하기라는 전자오락실만의 참여 행위를 보인다. 구경하기는 게임 플레이가 사회적인 시선에 노출되는 상황으로, 게임하기 상황의 도중에 발생한다. 구경꾼은 구경을 통해서 게임의 지식을 습득하기도 하고, 같이 게임을 하고 있지는 않지만 화면 몰입을 통해 같이 게임을 하는 느낌을 동시에 받으며 플레이어와 일종의 일체감을 형성한다. 또 다른 참여 행위인 도발하기는 주로 대전 격투게임 플레이 도중에 흥분과 긴장의 제스처를 보이는 것이다. 전자오락실에는 대전 격투게임용 게임기가 대결하는 구도로 서로 맞닿아 놓여 있어서 상호 경쟁적인 분위기가 조성된다.

전자오락실의 게임 경험은 열린 공간이라는 특징으로 인해, 공간 안에 있는 다른 사람들과의 활발한 상호작용과 일종의 공동체 감각을 형성한다. 한편 전자오락실은 그곳에 들어가기 전에, 기존의 공동체가 게임 공간 진입을 결정하기도 한다. 최근에는 환경이 많이 개선되었지만, 이 연구에 참여한 이들이 언급하는 과거의 전자오락실은 어둡고 음습한 분위기였다. 그래서 전자오락실로 진입하는 데 어느 정도 두려움이 존재했지만, 이미 가 본 사람이 새로운 참여자들을 공간으로 초대하면서 진입 장벽이 해소될 수 있었다.

두 번째 게임 공간인 PC방은 한국 게임 역사에서 중요한 위치를 차지하는 장소다. 이곳에는 많게는 200개 이상의 좌석이 있고, 각각의 좌석에는 최신 사양의 개인용 컴퓨터와 마우스·키보드·헤드셋이 구비되어 있다. PC방은 전자오락실과 다르게 개인화된 게임 경험을 전달한다. 좌석 양 옆에 세워져 있는 칸막이는 옆자리에 앉은 사람으로부터의 방해를 차단한다. 자리에 앉아서 온라인 게임을 하거나 파일을 다운 받아 즐기는 패키지 게임이나 목적에 따라 채팅이나 문서 작업을 자유롭게 할 수 있다. 또한 PC방은 청소년기 또래 집단을 형성하는 중요한 계기가 된다. 방과 후 친구들과 함께 게임을 즐기러 PC방에 방문하는 식이다. 전자오락실이 낯선 사람들과 공동체 경험을 형성하며 가까워지는 공간이라면, PC방은 가까운 친구들과의 경험을 강화시키는 방향으로 공간의 성격이 구성된다.

마지막으로 모바일 게임 공간은 앞의 두 공간과 다르게 명확하게 규정되지 않으며, 특정 기물이 설치될 필요도 없다. 필수 신체적 조건이라면 스마트폰이 손에 쥐어져 있어 한다는 점이다. 모바일 게임을 플레이할 때에는 주변 공간이 매우 협소해도 괜찮다. 어디에서든 장소를 가리지 않고 게임 플레이가 가능하다. 집이나 화장실, 대중교통 이용 중 등, 개인적인 시간을 보낼 때 어디서든 플레이할 수 있다. 그런 의미에서 모바일 게임의 공간은 PC방보다 더 개인화되어 있다.

모바일 게임 공간에서 신체는 주변에서 감지되는 변화를 지속적으로 신경 써야만 한다. 예를 들면 지하철을 놓치지 않기 위해 현재 정거장의 위치를 살피는 동시에 게임의 상황에 몰두하는 것이다. 여러 모바일 게임에 등장하는 '자동 전투' 기능은 손으로 직접 수행하던 게임 조작을 알고리즘에 의해 스스로 플레이되도록 함으로써 플레이어의 실시간 관여를 요하지 않는다. 이러한 상태에서 업무나 학업 등 다른 일을 하면서 동시에 게임을 할 수 있기 때문에, 게임이 플레이되지 않는 사이의 영역을 가늠하기 어렵다. 2차 매직 서클 경계 자체가 모호해지는 것이다.

매직 서클이라는 키워드로 세 개의 게임 공간을 상정한 이 연구는 실제 공간 이용자들의 구술 자료를 토대로 게임 공간에 따른 경험 차이에 대한 구체화된 이해를 돕는다. 다만 이 논의는 게임을 하는 공간의 특성에 중점을 두어 게임을 할 수 있는 사람과 없는 사람의 문제, 그러니까 게임하는 공간으로의 진입 그 자체 또는 게임을 하는 데에 방해가 되거나 제약을 주는 요소를 충분히 다루진 않았다. 다음의 연구는 게임으로 진입하는 과정에서 발생하는 차단과 방해 요소에 주목하며 이 연구와 보완을 이룬다.

집, 사이버카페, 대학교 기숙사를 거치며 게임하기 (2008년)

대만의 연구자 린Lin Holin[18]은 게임에 앞서 공간 접근 가능성에 따라 여가 생활의 선택이 달라진다는 오랜 연구 전통의 문제의식에서 출발한다. 핵심적으로 여가 생활 공간 접근에서 발생하는 성별 격차를 지적하고, 여가의 한 영역인 온라인 게임에 접근할 때의 격차로 논의를 옮긴다. 린이 연구할 당시에는 MMORPGMassively Multiplayer Online Role-Playing Game(대규모 다중 사용자 온라인 롤플레잉 게임)에서 벌어지는 문화 현상에 대한 연구들이 많았는데, 린은 게임 속 현상을 이야기할 때 온라인 게임을 플레이하는 현실의 상황에 대한 영향도 함께 고려해야 할 필요성을 제기한다.

대만의 학생들도 한국 학생들과 마찬가지로 방과 후 또래 집단과 함께 사이버카페(PC방)에 가서 게임을 즐기는 문화가 있다. 주변에 이미 게임을 즐기고 있는 또래 집단이나 형제가 있다면, 당연히 게임에 더 많이 노출될 수 있는 환경에 놓여 있다고 할 수 있다. 그러나 가정 내에서 형제와 한정된 게임 자원을 놓고 경쟁하는 관계라면, 경쟁에서 패배한 쪽은 기계를 점유하지 못해 게임과 멀어질 가능성이 있다. 공간을 이용하는 다른 이용자에 의해 게임 문화에 노출될 수 있지만, 또한 온전히 흡수될 수는 없는 것이다. 현실 공간에서 다양한 역

---

18 Lin. H, "Body, Space, and Gendered Gaming Experience: A Cultural Geography of Homes, Cybercafes, and Dormitories," *Beyond Barbie & Mortal Kombat: New Perspectives on Gender and Gaming*, Massachusetts: MIT Press, 2008, pp. 67-82.

학이 발생하는 게임의 경험 논의에서 물리적인 공간이 다시금 중요해지는 대목이다.

"게임을 하고 싶은 욕구는 어떻게 형성되는가?", "게임을 언제, 얼마나 오래 플레이할 수 있는지에 영향을 미치는 조건이 있는가?", "어떤 유형의 게임을 플레이할 수 있는가?", "그렇게 게임을 플레이하였을 때, 플레이 도중에 현실에서 경험하는 문제들은 무엇인가?" 등의 질문에 대한 답은 그 공간에 있는 플레이어가 젊은 남성인지 아니면 어린이나 여성인지에 따라 전혀 다르게 나타날 수 있다. 린은 그 차이를 알아보기 위해 어린이, 청소년, 그리고 특히 젊은 여성이 규제를 받는 세 가지 게임 공간을 중심으로 살펴본다. 집·사이버카페·대학교 기숙사에 주목하고, 이러한 장소에서 여성이 게임을 할 때 경험에 영향을 주는 요소들을 살펴보았다. 공간의 배치, 공간 이용자의 연령 및 성별 분포, 주요 사회적 상호작용을 주로 관찰하고 수십 명의 게임 플레이어와 포커스 그룹을 대상으로 인터뷰를 진행했다.

어린 나이에는 주로 집에서 게임을 처음 접하게 된다. 집에서 게임을 플레이할 때 가장 큰 영향을 끼치는 존재는 부모였다. 당시 게임 기계는 주로 컴퓨터였는데, 부모는 자녀의 컴퓨터 사용을 통제하기 위해 거실이나 부모의 방에 기기를 배치하고 자녀가 규칙을 준수하는지 지속적으로 확인하였다. 교육용으로 컴퓨터를 사용하거나 학업 성취에 대한 보상일 경우에만 게임 시간을 허용하고, 단순 유희의 용도로 게임을 할 때에는 제한을 두었다. 물론 집에서 게임을 하기 때문에 안전한 면도 있다. 아이들이 집에서 게임을 하면 부모는 사이버카페 이용 비용이나 야간 이용 시 치안 문제를 걱정할 필요가 없다.

두 번째 장소인 대만의 사이버카페는 한국의 PC방과 같은 개념의 공공장소이다. 이용자들은 사이버카페에 방문하여 온라인 게임을 즐기고, 게임에서 사용되는 전략을 서로 배우며, 새로운 게임 친구를 사귀는 기회의 장소로 활용한다. 물론 사이버카페는 앞에서 잠시 언급했듯 안전한 공간은 아니다. 음침하고 위험한 장소로 언론에 비춰지며, 실제로 위생이 불량하기도 하다. 연구자가 관찰한 바에 따르면, 사이버카페는 담배 연기가 자욱하고 곳곳에서 들리는 시끄러운 소음과 끈적이는 컴퓨터 키보드가 손님을 기다리고 있는 곳이다. 미디어에서는 청소년의 일탈을 조명할 때 사이버카페 장면을 등장시킨다. 뿐만 아니라, 사이버카페의 PC는 해킹이나 도용의 위협으로부터 이용자를 보호하지 않는다. 이러한 사이버카페의 특성은 위험을 견딜 수 있는 사람을 초대하고 진입시킨다. 때문에 어린 소녀의 경우 또래 집단 없이는 상대적으로 사이버카페에 방문하는 것에 불안감을 갖게 되며, 자유로운 출입에서 배제되는 상황에 처한다.

마지막 장소인 대학 기숙사는 소녀가 성인이 되어서 집을 떠나 대학에 진학하면서 오게 되는 곳이다. 이곳은 거주 목적의 사적 공간이지만 동시에 룸메이트와 함께 사용한다는 점에서 공적인 공간이기도 하다. 여성 대학생은 밤새도록 기숙사에서 게임을 할 수 있다. 하지만 게임 플레이에 친화적이지 못한 기숙사 내부 공간 배치, 예전부터 함께 어울렸거나 앞으로 어울릴 수 있는 사회적 네트워크의 부재, 그리고 남녀 간 기숙사 또래 집단의 문화 차이로 인해 대학 기숙사에서의 게임 경험은 오히려 더 외롭고 고립된 성격에 가까워지기도 한다. 관찰 결과 남성 기숙사에서 게임 대회가 층별로 활발히 이루어진 것과 대조적으로 여성 기숙사는 게임을 즐기는 문화가 널리 퍼지지 않는 분위기였다. 오히려 여성 기숙사에서는 게임을 할 때 발생하는 소음에 대해 룸메이트로부터 불평을 듣는 경우도 있었다.

유년기 집에서는 부모에게 통제를 받고, 청소년기 사이버카페에서는 공간의 거친 성격 때문에 안전함을 느끼지 못하고, 성인이 된 후 대학 기숙사에서는 소위 '게임 친구'라고 불리는 현실 네트워크의 부족 때문에 게임을 즐기기 어렵다. 린은 현실 공간에서 여성 게임 플레이어가 겪는 이러한 제약과 게임 문화 참여 기회의 부족이 온라인 게임 커뮤니티 문화의 남성화와 연결된다고 보고, 이러한 제약을 가시화하기 위해 연구를 기획했음을 밝히면서 여성 게이머가 가상세계로 안전하게 이동할 수 있는 해결책 마련을 강조하였다.

집 안에서 게임할 때 가족 구성원 간의 영향 (2018년)

캐나다 학자 하비Alison Harvey[19]는 집 안에서의 게임 이용과 젠더·연령 간의 상관관계를 알아보기 위해 연구를 기획했다. 그는 캐나다의 10개 집단의 가족을 인터뷰하여 게임이 가정 내에서 받는 영향에 크게 두 가지 측면이 있음을 밝혔다. 앞서 린이 가정 내 게임하기 상황

---

19 Harvey. A., *Gender, Age, and Digital Games in the Domestic Context*, New York: Routledge, 2018.

에서 부모의 영향력을 강조했던 것과 같은 맥락에서 부모의 역할은 여전히 중요하며, 게임기나 거실·방과 같은 물질적 공간에서의 영향과 함께, 부모가 기존에 가지고 있는 부정적인 인식이나 중독에 대한 두려움, 성역할 등 집 바깥의 사회적 담론도 영향을 미쳤다.

집 안에서 게임을 하는 맥락에는 다양한 요인들이 상호적으로 작동한다. 하비는 남자 아이와 여자 아이가 집에서 게임 기계(PC 또는 콘솔게임기)를 이용할 때, 하나의 게임 기계를 두고 경쟁하는 상황이면 여성 가족 구성원이 다른 주체들보다 사용 순위에서 밀려나 방해받기 쉽다고 밝혔다. 남자 아이가 게임기에 열광하는 태도는 여자 아이의 경우보다 더욱 장려되는데, 그 이유는 부모가 자녀 교육의 기조를 세울 때 기존에 사회적으로 형성된 담론에 영향을 받기 때문이다. 부모는 딸이 게임에 열정을 보이는 것을 남자 형제의 경우에 비해 비자연적으로 보았고, 이는 게임의 여가 활동이 젠더화되는 결과로 이어진다. 게임에 대한 열망과 관여도는 가족 구성원의 성별에 따라 달라졌다.

가정 내 맥락에서 소녀들은 점차 게임에 흥미를 잃게 되는데, 이는 비단 자녀의 경우에만 해당하지 않았다. 같은 여성인 어머니 또한 가사노동을 수행하느라 게임을 할 시간이 없다. 가정 내 여성은 모두 게임 문화에서 이탈하거나 진입 자체를 하지 않게 된다. 부르디외는 어릴 적부터 체득한 언어나 취향과 같은 문화자본, 활용할 수 있는 인적 네트워크와 같은 사회자본 등을 자본의 일종으로 설명한 바 있다. 집에서 게임하기는 곧 문화자본으로서 게임하기의 문제다. 콘살보Mia

Consalvo[20]는 게임 문화의 구성원이 되려면 게임 자본gaming capital이 필요하다고 본다. 부르디외의 자본 개념에 따르면, 게임 자본은 단순히 게임을 플레이하는 조건만이 아니라 그 문화의 일부분이 될 수 있도록 지식을 습득하고 구성원들과 함께 문화를 만들어 갈 수 있는 배경 조건을 포함한다. 게임 자본을 충분히 습득하지 못다면 게임 문화에서 이탈할 가능성이 커진다. 게임 자본은 가족이나 또래 집단과의 게임 플레이 경험을 통해 게임과 관련한 문화적 지식을 얻었을 때 형성될 수 있다.

콘솔 게임기의 가정화 맥락(2003년)

1970년대 디지털 게임이 처음 대중화되기 시작했을 때, 게임 플랫폼은 커다란 전자오락기의 형태였다. 술집이나 엔터테인먼트 공간 등 개방된 장소에 마련된 전자오락기에 동전 한 닢을 넣고 즐겼던 초기의 게임은, 점차 기계의 크기가 작아지며 가정용 기기로 탈바꿈하였다. 일본의 닌텐도Nintendo와 미국의 아타리Atari 같은 회사들이 1980년대 가정용 게임기를 전 세계의 집 안에 침투시켰다. 이제 더 이상 동전을 넣고 개방된 공간에서 줄을 서서 게임을 하지 않는다. 콘솔게임기라고 불리는 기계를 거실에 놓인 TV에 연결하고 원하는 게임 팩을 선택하여 집에 놀러온 친구나 가족과 함께 게임을 즐기는 문화가

---

20 Consalvo, M, *Cheating: Gaining advantage in videogames*, Massachusetts: MIT Press, 2009.

보편화되었다. 호주의 연구자 플린Bernadette Flynn[21]은 콘솔게임기의 가정화를 소년의 공간, 놀이의 공간, 공적인 공간의 '아케이드'가 '집'으로 들어왔다고 표현한다.

홈 엔터테인먼트 기술의 발전으로 콘솔게임기는 중산층 가정 거실의 필수품으로 소비되면서 마치 벽난로와 같은 존재로 변화하였다. 가정용 콘솔게임기가 있다는 것은 가족의 화목함, 손님 응대의 전문성을 뜻하게 되었다. 그러나 가정 내에 콘솔 게임이 들어오면서, 기존에 거실 공간이 가지고 있던 성격과 충돌이 발생하기도 했다. 버지니아 울프의 글에서 언급했듯이 가사노동의 중심 공간이었 거실이 콘솔 게임기로 인해 게이머의 공간으로 변모하게 된 것이다. 플린은 가정적인 분위기의 거실이 소년들의 놀이터로 변했다고 말하며, 게임기의 위치가 만들어 낸 공간 성격의 변화를 감각한다.

게임으로 진입할 때 작용하는 조건들, 다섯 가지 경로, 입장 비용

게임이 있는 공간으로의 진입 및 이용과 신체 이용 문제와 결부되는 물리적 조건, 게임 기계를 구입할 수 있는 비용과 관련된 경제적 조

---

21 Flynn. B, "Geography of the Digital Hearth," *Information Communication & Society* 6-4, 2003, pp. 551-576.

건, 성별 차이나 가족 구성원들의 관계 등에 대한 문화적인 조건이 게임을 하는 상황에 복합적으로 영향을 준다. 게임을 이용할 때 이러한 세 가지 조건이 작용한다. 이수엽 외 연구자의 2차 매직 서클 탐구나, 게임 바깥에서 작동하는 제약들이 게임 내부에서 벌어지는 일과 연관되어 있다는 린의 시사점은 모두 이러한 조건을 들여다보려는 문제의식에서 출발한다.

게임이라는 가상현실로 들어가는 플랫폼, 즉 게임 기계의 종류는 크게 다섯 가지로 나뉜다. 한국콘텐츠진흥원이 진행한 게임 이용자 실태 조사[22]에 따르면, 대표적인 게임 플랫폼은 모바일 · PC · 콘솔 · 아케이드 · VR이다. 2021년 국민의 71.3퍼센트가 게임을 하였으며, 게임 이용자가 가장 많이 이용한 플랫폼은 모바일(90.9퍼센트), PC(57.6퍼센트), 콘솔(21.0퍼센트), 아케이드(9.8퍼센트) 순이다. VR 기기 플랫폼은 수가 적어 통계에 합산되지 않았다. 이 다섯 가지 경로를 기준으로 물리적, 경제적, 문화적인 조건을 구체적으로 살펴보자.

물리적 조건

물리적 조건은 게임이 있는 공간으로 진입하는 것의 문제이다. 게임 기계는 다양한 곳에 놓여 있다. 집 안에서는 거실이나 개인 방에 놓일 수 있으며, 각각의 위치에 따라서 사용 맥락이 변화한다. 예를 들

22　한국콘텐츠진흥원,《2021 게임이용자 실태조사》, 한국콘텐츠진흥원, 2022.

어 PC는 거실에 놓일 경우 가족 공동의 소유로 다뤄지고 다른 가족의 통제를 받을 수도 있지만, 개인 방에 놓일 경우 사적인 사용이 가능해지면서 게임 몰입의 자율성을 획득한다. 집 바깥에 있는 PC방이나 전자오락실은 게임을 하기 위해 독립적으로 마련된 공간이다. 자율성이 보장되는 공간을 소유하거나 게임을 하도록 만들어 놓은 공간으로 진입하려면 모틸리티가 전제되어야 한다. 대도시는 PC방이 즐비한 데 반해 그 외 지역에는 없거나 희소할 수 있으며, 이 역시도 한국을 벗어나면 국가에 따라 아예 인터넷 이용이 가능한 인프라스트럭처가 부재하는 등 스펙트럼이 매우 넓다.

물리적인 조건은 기계를 사용하는 데 수반되는 신체적인 능력까지 포함한다. 웹 표준을 개발하는 국제 컨소시엄 W3C의 정의에 따르면, 웹 접근성을 높이는 일은 웹사이트, 도구, 기술을 장애를 가진 사람들도 사용할 수 있도록 개발하는 것이다.[23] 시각장애, 청각장애, 신경장애 등 장애를 가진 사람이 동일한 수준으로 웹 정보를 탐색 및 열람하고 웹 문화에 기여할 수 있도록 하는 개발 지침이라고 할 수 있다. 웹 접근성은 비단 장애와 비장애의 문제가 아니라 웹을 온전히 사용할 수 없는 상황 전반의 확장된 차원의 접근성까지 포함한다. 곧, 웹 접근성은 누구나 서로 다른 기기를 사용해서 웹에 접속할 수 있음을 가정한다. PC 모니터의 큰 화면이 아니더라도 작은 화면, 다른 입력 모드

---

23 W3C, "What is Web Accessibility," https://www.w3.org/WAI/fundamentals/accessibility-intro/ (검색일: 2022. 06. 28.)

를 가진 휴대폰, 스마트 워치, 스마트 TV 및 여러 디바이스를 사용하는 사람을 고려해 웹을 디자인할 것을 제안한다. 그 외에도 나이가 들어감에 따라 사용 능력이 떨어진 사람, 팔이 부러지거나 안경을 잃어버려서 일시적인 장애를 겪는 사람, 밝은 빛을 보기 힘들거나 소리를 듣기 어려운 환경에 처하는 등 상황적 제약을 겪는 사람, 느린 인터넷을 사용하거나 비싼 대역폭을 사용하는 사람의 존재를 고려하고 이들이 웹을 사용하는 데 차별이 발생하지 않도록 화면을 설계해야 한다.

웹 접근성 논의는 어떤 제약과 장애를 겪는 상황에서도 게임을 플레이할 수 있도록 개발하는 '게임 접근성'으로 확장될 수 있다.[24] 게임 접근성도 마찬가지로 본래 장애인이 게임 이용에 어려움을 겪지 않도록 하는 것에 중점을 두었으나, 궁극적으로는 게임에 미숙한 사람과 능숙한 사람이 함께 게임을 즐길 수 있는 환경을 만드는 것을 지향한다. 국제게임개발자협회가 제시한 게임 접근성 가이드라인 핵심 조항은 〈표 1〉과 같다.[25]

나아가 게임에서 접근성 문제는 비단 장애와 같은 신체적 조건뿐만 아니라 기술 사용의 숙련도에 대한 문제이기도 하며 위에서 살펴보았듯 자본의 문제, 젠더의 문제, 모빌리티의 문제이기도 하다.

---

24 김민규, 〈게임접근성의 사회적 의미에 대한 연구〉, 《한국게임학회》 13(6), 2013, 111~122쪽.

25 IGDA-GASIG, "SIG guidelines: Top ten, expanded list, and full exploration," *IGDA-GASIG*, https://igda-gasig.org/get-involved/sig-initiatives/resources-for-game-developers/sig-guidelines (검색일: 2022. 08. 20.)

표 1 국제게임개발자협회IGDA의 게임 접근성 가이드라인

❶ 편의성 향상을 위해 컨트롤러 재구성을 허용하라.
 – 플레이어가 게임에서 가능한 각 작업의 버튼 매핑을 설정할 수 있는가?
❷ 대체가능한 컨트롤러를 지원하라.
 – 다양한 컨트롤러 유형을 사용할 수 있는가? 아니면 하나의 컨트롤러만 인식되는가?
❸ 사운드 정보를 대체 지원하라.
 – 음소거해도 플레이가 가능한가? 사운드가 연결되지 않았을 때 정보가 누락되는가?
❹ 음악, 음향효과 및 대화에 별도의 볼륨 컨트롤을 제공하라.
 – 각각 볼륨 컨트롤을 할 수 있는가?
❺ 가시성이 높은 그래픽을 지원하라.
 – 화질이 낮은 기기에서도 게임을 이해하는 데 어려움이 없는가?
❻ 색약 친화적인 디자인을 제공하라.
 – 녹색과 적색으로 정보를 표시하듯, 색약이 구분할 수 없는 색상 목록의 색을 게임에 사용하였는가?
❼ 광범위한 난이도와 속도 조절을 제공하라.
 – 사람들이 자신의 능력에 맞게 조정할 수 있는가? 예를 들면 가장 쉬운 모드와 어려운 모드로 플레이하는 것을 스스로가 선택할 수 있는가?
❽ 연습(튜토리얼)을 제공하라.
 – 플레이어가 자신의 사용 능력에 맞게 게임을 자유롭게 배우고 실험할 수 있는가?
❾ 접근 가능한 메뉴를 제공하라.
 – 게임 도중에 메뉴에 접근할 수 있는가?

경제적 조건

경제적 조건은 공간과 기계의 비용을 감당하는 것의 문제다. 가상현실 입장료, 그러니까 교통에서 도로 이용이 공짜인 듯 보이지만 자동차 구입 비용이 비싼 것에 비유할 수 있다. 게임을 이용하려면 많은

경제적 비용이 필요하다. 더구나 어렸을 때부터 형성되는 아이들의 게임 경험의 경우, 부모가 제공할 수 있는 조건의 정도와 그와 관련된 경제적 조건의 뒷받침이 나중에 커서 문화자본 형성으로 이어진다.

VR 게임을 하려면 고가의 VR 장비가 필요하다. 가장 많이 사용하는 '오큘러스Oculus' 브랜드의 VR 기기 가격은 50만 원 선이다. 팔과 다리를 모두 인식하는 풀트래킹용 장비를 구입하면 약 100~200만 원까지 비용이 늘어난다. VR 기계를 연결할 PC가 별도로 있어야 한다는 점에서 높은 사양의 PC를 구입하는 비용 또한 무시할 수 없다. 물론 전신을 모두 사용하지 않고 헤드마운트 디스플레이만 착용하면 비용은 조금 저렴해질 수 있다. 한편 장비와는 별도로 앞이 보이지 않는 상황에서 움직이려면 넓은 공간이 확보되어야 한다. 공간이 좁아서 다른 기물로부터 영향을 받는 경우 VR 게임을 즐기기 어렵다.

PC 게임은 집에서 하는 경우와 집 바깥에서 하는 경우로 나뉜다. 집 바깥에서는 PC방에 출입하는 사람들의 문화와 어우러져 게임을 즐기게 되고, 집 안에서는 게임에 집중하기 위해서 아무래도 거실과 같이 뚫린 공간보다는 독립적인 공간을 선호하게 된다. PC 게임은 모니터, 키보드, 마우스와 함께 CPU와 그래픽 카드, 그리고 각종 드라이브가 설치된 데스크탑으로 운용된다. 쇼핑 웹사이트 '다나와'의 표준 PC 가격은 2022년 7월 기준 92만 340원가량이다. 이 정도 사양은 되어야 국민 게임이라고 불리는 〈배틀그라운드〉를 플레이할 수 있다. 여기에 가장 보편적인 모니터 구입 비용이 10만원 대에서 결정된다. 계산하면, 많은 사람들이 플레이하는 온라인 PC 게임을 플레이하려면 기기 구입 비용만 약 100만 원 정도가 필요한 것이다. 그 외에 인터넷 설치 및 이용 비용, 책상 등의 기물을 구입하고 들여놓는 데에 드는 비용이 추가된다.

콘솔 게임은 '닌텐도', '플레이스테이션', 'Xbox'와 같은 게임 전용 기기를 이용하는데 콘솔 게임기의 구입 비용은 최소 30만 원 이상이다. 남성이 여성에 비해 콘솔 게임기 이용과 구입에 더 많은 비용을 지출하는 것으로 조사되었다. 콘솔 게임기는 주로 집 안에서 플레이하는데, TV를 연결해서 사용할 경우 TV가 주로 놓여 있는 거실을 자유롭게 사용할 수 있는 권한이 있어야 할 것이다. 만약 누군가 텔레비전을 시청하고 있다면 경쟁하게 된다. 물론 개인 방에서 일반 모니터에 연결하여 사용할 수도 있다.

모바일 게임은 스마트폰이나 '패드'라고 불리는 태블릿에서 재생된다. 모바일은 따로 구입하지 않아도 거의 모든 사람들이 이미 가지고 있다. 하지만 게임을 플레이하기 위해서는 일정한 사양이 요구되며, 그 기준에 맞추려면 중급 이상 가격대의 스마트폰을 보유하고 있어야 한다. 또한 모바일 게임을 하려면 쾌적한 와이파이 환경이 뒷받침되어야 한다. 게임은 무선 인터넷으로 다운받을 수 있으며, 모바일 미디어의 특성상 언제, 어디서든 플레이가 가능하다. 모바일 게임을 이용하는 사람들의 연령대는 10대부터 50대까지 큰 차이 없이 고른 편이다. 게임을 이용하는 장소는 주로 집이고, 그 다음으로 버스나 지하철과 같은 대중교통이다.

아케이드 게임은 '전자오락실'이라고 불리는 공간에서 플레이되는 형태로, 여러 대의 전용 기계가 설치되어 있는 것이 특징이다. 게임에 따라 맞은편에 앉아 있는 사람과 경쟁할 수도 있다. 개인이 소장하기보다는 사업자 차원에서 전자오락실을 운영하는 것이 일반적이다. 다른 플랫폼에 비해 아케이드 게임은 개인이 기기를 소유하지 않고 일회적 이용의 성격이기 때문에 제반 비용이 크게 요구되지 않는다.

문화적 조건

문화적 조건의 경우, 우선 젠더의 문제를 들 수 있다. 앞선 연구들에서 보았듯, PC방이나 전자오락실은 여성보다는 남성에게 더욱 친화적인 공간이다. 공간의 물리적 조건이나 경제적 조건을 넘어서, 공간 자체에 어떠한 문화가 형성되고 있는 것이다. PC방의 문화가 그 공간에 갈 수 있는 사람과 가지 못하는 사람을 나눈다면, 이는 PC 게임을 이용하는 것과도 연결될 것이다. 게임 이용자의 44.7퍼센트가 PC방을 이용하고 있다고 대답했고, 남성과 20대가 그 비중이 높았다. 모바일 게임이 여성과 50대 이상 연령대에서 이용자 비중이 높았던 것과 상반된다. 여성 게이머의 대부분(80퍼센트)은 모바일 게임을 이용하고 소수(16퍼센트)가 PC 게임을 이용한다. 반면 남성 게이머의 절반만이 모바일 게임을 이용하며 PC 게임의 이용 비율(36퍼센트)은 여성만큼 낮지 않다. 한편 모바일 게임을 열심히 플레이하는 사람이더라도 자신이 '게이머'라고 정체화하지 않는 경우가 있는데, 이는 '게이머'라는 특정 정체성이 있고 그것을 규정하는 문화적 조건이 있음을 의미한다. PC방 문화에 참여하고, 게이머 정체성을 가지는 것은 그 공간을 이용하는 사람들과 관련된 문제이다.

또한 가정 내에서 아이들은 부모의 영향을 크게 받는다. 부모의 교육 기조에 따라서 게임이 허용되는 가정과 그렇지 않은 가정이 나뉜다. 게임이 허용되더라도 하비의 연구에서 등장했던 가족의 경우처럼 남성 형제의 게임 활동은 지지되는 반면 여자아이의 게임 활동은 장려되지 않기도 하다. 이렇게 어린 시절 형성된 게임 경험은 게임 자본을 형성한다. 성인이 되어서 어떠한 여가 활동을 스스로 선택할 수 있는지, 그에 대한 계획과 상상은 게임 자본에 의해 결정될 수 있다.

모두가 진입할 수 있는
게임이 되려면

가능성의 공간, 해방의 공간으로서 게임이 우리에게 보여 주는 비전은 분명히 있다. 게임은 현실의 제약을 극복하여 새로운 기회를 얻는 공간이 되기도 한다. 하지만 게임은 현실과 독립적으로 존재할 수 없다. 현실에서 우리가 게임으로 진입하는 과정은 그동안 크게 조명되지 않았다. 인터넷이나 스마트폰이 전 세계인에게 동등하게 주어지지 않고 있듯, 게임 또한 누구나 참여할 수 있는 문화가 아니다. 게임에 진입하기 위해서는 여러 조건이 필요하다. 그 조건은 공간의 이용과 소유 여부, 충분히 갖춰진 게임 기계들, 게임을 할 수 있도록 지지하며 그 공간에 함께 있는 사람들 간의 관계, 그리고 게임을 바라보는 사회적 시선 등과 복합적으로 연결되어 있다.

이 글은 보이지 않는 조건들을 점검하고자 여러 논의들을 엮었다. 모빌리티를 상상할 수 있는 힘인 모틸리티 이론, 미디어를 이용하기 위해 수반되는 거대 구조와 기술 격차에 대한 조사와 담론, 수년간 비슷한 문제의식을 가지고 자료를 수집해 왔던 기존의 연구들을 다시 읽어 내고, 물리적 조건·경제적 조건·문화적 조건으로 묶어서 그 조건들을 정리하고자 했다.

"누구든 게임을 할 수 있었는가?"라는 질문은 결국 디지털 공간의 문제를 넘어서 우리가 살고 있는 현실, 지금 발을 딛고 숨을 쉬고 있는 현실을 들여다봐야 하는 문제다. 게임이라는 가상현실로 진입하기 전에, 발을 들어 올려 문턱을 감각하는 것이 중요하다. 오늘날 가상현실은 스크린 숏으로 설명되고 인간의 활동은 데이터로 대체되고 있지만, 그 전에 다시금 인간의 움직임을 생각한다. 미래 산업으로 육성하기 위한 희망적인 게임 정책 아래에서, 어떠한 조건들이 우리가 게임을 할 수 없도록 막고 있었던 것은 아닌지 되물어 본다. 이러한 조건을 생각하지 않고서는 모두를 위한 게임은 나타나기 어려울 것이다.

범정부 합동, 〈메타버스 신산업 선도전략〉, 과학기술정보통신부, 2022.

이희은, 〈미디어 테크놀로지의 물질성: 인프라로서의 미디어 네트워크를 향한 탐색〉, 《모빌리티 인프라스트럭처와 생활세계》, 앨피, 2020.

한국콘텐츠진흥원, 《2021 게임이용자 실태조사》, 한국콘텐츠진흥원, 2022년 9월 2일.

김민규, 〈게임접근성의 사회적 의미에 대한 연구〉, 《한국게임학회》 13(6), 2013, 111~122쪽.

나미수, 〈홈컴퓨터의 소비를 통해 본 젠더와 테크놀로지에 관한 연구〉, 《한국언론학보》 46(1), 2001, 72~11쪽.

윤태진 · 장민지, 〈고스톱 치는 아줌마들: 중년 기혼 여성들의 웹보드 게임 경험에 관한 연구〉, 《한국언론정보학보》 62(2), 2013, 51~73쪽.

이상길, 〈텔레비전의 일상적 수용과 문화적 근대성의 경험: 1960~70년대를 중심으로〉, 《언론과 사회》 27(1), 2019, 59~129쪽.

이수엽 · 채다희 · 박근서, 〈게임 공간과 게임 플레이의 변화: 전자오락실, PC방, 모바일 게임 공간을 중심으로〉, 《사이버커뮤니케이션학보》 33(1), 2016, 89~137쪽.

Consalvo. M, *Cheating: Gaining advantage in videogames*, Massachusetts: MIT Press, 2009.

De Certeau. M, *The Practice of Everyday Life*, Berkeley: University of California Press, 1984.

Dijk. J, *The Digital Divide*, Cambridge: UK, 2020. (얀 반 다이크, 《디지털 디바이드》, 심재웅 옮김, 유재, 2022.)

Galloway. A. R., *Gaming: Essays on algorithmic culture* (Vol. 18), University of Minnesota Press, 2006.

Harvey. A., *Gender, Age, and Digital Games in the Domestic Context*, New York: Routledge, 2018.

Huizinga. J., *Homo Ludens: A Study of the Play Element in Culture*, 1938. (요한 하위징아, 《호모 루덴스: 놀이하는 인간》, 이종인 옮김, 연암서가, 2018.)

Kaufman. V., *Re-thinking the City: Urban Dynamics and Motility*, 2011. (뱅상

카우프만,《도시를 다시 생각한다》, 최영석 옮김, 앨피, 2021.)

Lin. H., "Body, Space, and Gendered Gaming Experience: A Cultural Geography of Homes, Cybercafes, and Dormitories," *Beyond Barbie & Mortal Kombat: New Perspectives on Gender and Gaming*, Massachusetts: MIT Press, 2008.

Woolf. V., *A Room of One's Own*, 1929. (버지니아 울프,《자기만의 방》, 이미애 옮김, 민음사, 2016.)

Silverstone. R., *Consuming Technologies: Media and information in domestic spaces*, London, New York: Routledge, 1992.

Flynn. B., "Geography of the Digital Hearth," *Information Communication & Society* 6(4), 2003, pp. 551-576.

Kaufmann. V., Bergman. M. M., & Joye. D., "Motility: mobility as capital," *International Journal of Urban and Regional Research* 28-4, 2004, pp. 745-756.

A4AI, "How expensive is a smartphone in different countries?," *Alliance for Affordable Internet*, 2021. 10. 07. https://a4ai.org/news/how-expensive-is-a-smartphone-in-different-countries (검색일: 2022. 08. 20.)

A4AI, "The Costs of Exclusion: Economic Consequences of the Digital Gender Gap," *WORLD WIDE WEB FOUNDATION*, 2021, https://webfoundation.org/docs/2021/10/CoE-Report-English.pdf (검색일: 2022. 08. 20.)

A4AI, "Advancing Meaningful Connectivity: Towards Active & Participatory Digital Societies," *Alliance for Affordable Internet*, 2022. 02. 28. https://a4ai.org/research/advancing-meaningful-connectivity-towards-active-and-participatory-digital-societies (검색일: 2022. 08 20.)

Anju. M. and Nathalia. F., "No connectivity without electricity: how a lack of power keeps millions offline," *Thomson Reuters Foundation*, 2021.03.01. https://news.trust.org/item/20210301111324-8pogq (검색일: 2022. 08. 20.)

IGDA-GASIG, "SIG guidelines: Top ten, expanded list, and full exploration," *IGDA-GASIG*, https://igda-gasig.org/get-involved/sig-initiatives/resources-for-game-developers/sig-guidelines (검색일: 2022. 08. 20.)

W3C, "What is Web Accessibility," https://www.w3.org/WAI/fundamentals/accessibility-intro/ (검색일: 2022. 06. 28.)

용산, 돼지똥 그리고 아파트

| 김재민이 |

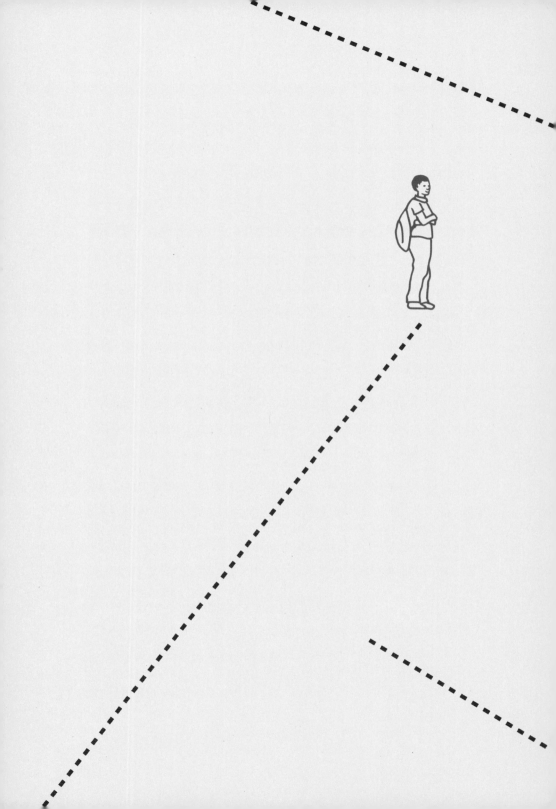

지난 세기, 그러니까 숫자 19로 서기西紀가 시작되는 시기에 대도시 변두리에서 살아 본 경험을 가진 이들이 있다. 이 시기에 당신이 예민하다는 소리를 듣는 편이었다면, 집 밖을 돌아다니는 일이 그리 수월치 않았을 것이다. 동네에는 차도와 인도의 구분이 불분명했고, 예상치 않게 끊기는 길은 조심스레 걸어도 자동차가 일으키는 먼지바람을 온몸에 뒤집어씌우기 일쑤였다. 길을 건널 때 주위를 잘 살피지 않는다고 부모님께 등짝을 한 대 맞곤 했을 만큼, 길 위를 쌩쌩 달리는 자동차들에게 자비란 없었다. 버스 등 대중교통 수단은 자주 오지도 않았을 뿐더러, 기다렸다가 승차하려 해도 늘 붐비기만 했다. 버스 안은 오래된 차 특유의 기름 냄새는 물론이고 같이 탄 사람들의 생업을 짐작할 수 있을 만한 냄새로 가득 차 있었다. 덜컹거리는 도로 위를 달리는 버스 안에서는 가까스로 멀미를 참아 내야 했다.

그럼 과연 도로만 깨끗했다면 아무 문제가 없었을까? 놀이터에서 놀다 오면 옷에 배어 있던 냄새가 바로 그 동네의 냄새였을 텐데, 기억해 보자. 프루스트Marcel Proust의 소설 속 마들렌 이야기처럼 어쩌다 맡는 매캐한 매연이 문득 과거 변두리 어딘가의 시공으로 우리를 안내할 수도 있다.

1970년대부터 서울 여기저기에 만들어지기 시작한 대규모 아파트 단지들을 떠올린다. 단지 내에서는 차 소리도 비교적 조용하고, 이곳저곳 걸어서 쾌적하게 이동할 수 있었다. 대도시와 변두리의 차이가 직접적으로 느껴졌다. 그래서 서울의 아파트 단지들은 한 서울 외곽 거주민에게 부러움의 대상이었다. 이제 21세기도 꽤 지난 지금, 한국에서 인도와 차도의 구분이 없거나 먼지가 날리는 곳은 거의 없어 보인다.

꽝음을 일으키고 거대한 증기와 연기를 뿜어내던 공장들이 하나둘 아파트 단지에 자리를 내주고 떠나면서, 외곽에 살아도 전보다는 쾌적하게 이동할 수 있을 것이다. 그러나 있던 존재가 떠나가고 나면 문득 생각난다. 내 옆에 있던, 지금은 없어진 그들의 의미는 무엇이었을까?

이 글은 도시 확장으로 인한 어떤 '혐오시설'들의 후퇴와 퇴장의 관찰기이다. 소설가나 각본가가 그러하듯, 현재 그리고 여기에서 일어나는 일을 작품 활동의 소재로 삼는 예술 창작인의 한 사람으로서, 나는 취재를 하고 지역을 리서치했다. 우리 곁에 있는 듯 보이지 않는 '혐오시설' 근처 거주자, 그리고 도시에 남아 있는 도시민 사이에서 서로 밀어내고 밀리는 장력을 조사했다. 창작물 제작 전 단계에서 필수적이라 할 사전 리서치 과정을 이 글을 통해 공유하려 한다.

이 글은 총 두 부분으로 나뉜다. 먼저 '용산'에서는 용산의 여러 성격과 역사 중 일제강점기부터 철도변에 늘어서 있던 공장들이 70년대 이후 외곽으로 빠져나가는 과정을 살펴본다. '돼지똥과 아파트'에서는 60년대부터 전국에 산재했던 돼지농장들이 신도시와 혁신도시 등 확장되는 도시와 충돌하여 후퇴하는 현상을 기록한다.

도시의 쾌적함과 편리함을 위해서는 이웃하기 힘든 이웃은 밀려나야 한다. 이 글은 한명의 도시민이자 먼 훗날 아파트 입주민이 될 입장에서 감내하기 쉽지 않을 냄새와 소음을 따라가 보려 한다.

용산

20세기 초부터 한국에 자리 잡은 수많은 공장은 거대한 기계 자체이기도 하고 장소이기도 하며, 사람이 모이는 일자리이자 그 기회이기도 했다. 지난 세기의 공장들이 대개 그렇듯, 서울의 공장들도 (어느 정도의 규모라면) 도시 외곽에 위치했다. 도심지에 소음과 환경오염의 폐해가 닿지 않으면서도 노동 인구가 그 주변에 거주할 수 있기 때문이다. 방직공장 등 많은 인원이 동원되는 사업장은 여러 가지 이유, 이를테면 정확한 시간에 인원을 투입한다던가 구성원 집체 교육의 필요 등을 이유로 기숙사를 만들었다. 반면 중소 규모 공장의 경우에는 구성원들이 숙박할 수 있는 도심지 외곽이 그 위치로 이상적이었다. 공업용수를 댈 수 있는 하천, 철도 운송이 가능한 입지, 생산된 물건을 바로 소비할 시장이 있는 용산은 이미 1920년대부터 1호선 국철변, 용산역에서 서울역 방향 양쪽으로 공장이 즐비하였다.

경성의 공업 분포 현황 개요
경성은 아직 도시계획이 완성치 못하고 특히 공장 지대라 칭하는 지역을 선정키 난하며 대체 부내 전반에 산재하여 있는바 대개 서남부, 즉 경성역 이남의 용산 방면 … 대중 공장이 비교적 많아 경성 공업지대로 서는 용산 방면을 … 소화 7년(1932)의 총 공장 수는 669, (그중) 용산 방면, 용산 경찰서 내 196 공장…[1]

서현주의 연구에 따르면,[2] 해방 전까지 용산 지역의 일본인 인구는 60퍼센트를 꾸준히 상회하여, 해방 후 전재민戰災民이 거주할 수 있는 집들이 많았다고 추측할 수 있다. 1990년 용산구 내 실향민은 5만여 명으로 기록되어 있다.[3] 공업지대로 위용을 자랑하던 용산이 무주공산이 되어 집이 필요했던 사람들로 채워지며 생업과 주거권이 충돌하였다. 각자의 서사를 가지고 있는 (여덟 곳이나 존재했던 제과공장 등) 각각 공장을 뒤로하고, 이 글에서는 용문동과 문배동 두 곳의 이야기를 통해 사람과 사물의 이동에 집중하려 한다.

용문동 38번지

용문동 38번지는 용문시장에서 마포 쪽으로 향한 언덕에 자리 잡은 삼각형 모양의 부지이다. 이 지역은 경의선 숲길과 닿아 있는 쾌적한

1 〈경성의 공업분포현황개요〉,《조선일보》, 1934년 11월 2일자.
2 서현주,〈경성지역의 민족별 거주지 분리의 추이−1927~1942년−〉,《국사관논총》 94, 2000, 247쪽.
3 〈방북 신청 새벽부터 장사진〉,《경향신문》, 1990년 8월 4일자.

언덕지로, 몇몇 대형 단독 주택 외에는 8, 90년대에 건축된 빌라들이 차지하고 있어 일견 평범한 주거지의 모습을 보여 주고 있다. 38번지 북쪽 끝 언덕부터는 마포구의 아파트 단지들이 병풍처럼 둘러서 있고, 2022년 현재까지도 재

그림1 용산동 용문동 지도 부분 | 출처: 카카오맵

개발 이슈가 끊임없이 제기되는 지역이기도 하다.

용산역 서쪽에 위치하며 구 용산 지역이라 일컬어지는 이곳이 여러 공장과 그곳에 종사하던 공원工員들의 주요 거주지였던 역사는 100년을 넘는 시간을 거슬러 올라간다. 비교적 신식 주거지가 밀집해 있으며 근처 동네에는 즐비한 일본식 가옥이 하나도 없다는 사실을 통해, 역설적으로 용문동 38번지 부지 전체가 대규모 단일 공장이었거나 일괄 철거 개발이 되어 주거지가 들어서게 되었다고 추측해 볼 수 있다.

지역 주민의 증언

"용문동 38번지는 80년대 일대의 소문난 부촌이었어요. 유명한 연예인도 여기 살았고, 집들도 큼직큼직해서 38번지 외곽에 사는 사람들에게 부러움의 대상이었죠." – 40대 주민

"난 여기서 태어나서 죽 살았는데 그런 곳 못 들어 봤어요." – 50대 주민

"여기 공장 같은 건 난 잘 몰라. 예전부터 여기 살았었는데, 그런 게 있었나?" – 80대 주민[4]

　지면에 사건 사고 기록이 공개된 적이 없는 장소라는 사실은 오히려 의구심을 불러 일으킨다. 사건 기록이 부지기수인 용산 타 지역 공장들과 달리, 이를테면 화재나 쟁의, 공장 구성원의 일탈행위 등과 관련된 기록이 해당 주소지에는 없다는 사실을 통해 이곳이 통제구역이었을 것이라고 추측했다. 1930년대 발행된 지도에서 '육군 용지' 라

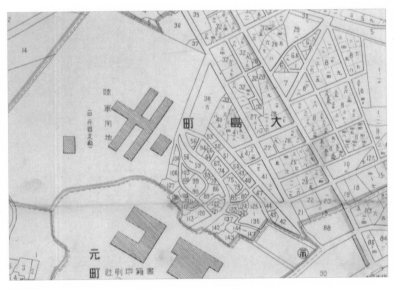

그림 2　《대경성정도》(1936) 중 대도정 | 출처: 서울역사박물관

는 표시를 찾으면서 실마리가 풀리기 시작했는데, 1936년 당시 해당 지역이 일본군의 창고 혹은 화약고였음이 확인되었다. 민간의 출입이 통제되어 주변에 사는 주민 자체가 많지 않았고, 담으로 둘러싸여 내부를 알 수도 없었을 것이다. 38번지의 북쪽, 그러니까 언덕 쪽 길에는 당시 서울에서 두 번째로 큰 유곽이 형성되어 있었는데, 이곳을 용산 서쪽의 한 끝으로 보아도 무방하다. 이런 이유로 이곳에서 자란 80대 노인이라고 해도 어린 시절 동네 담 뒤의 전모를 알기 어려웠을 것이다. 해방 후에 화재를 겪고 민간에 분양된 용문동 38번지에는 70년대까지 이른바 사회지도층이라 일컬어지는 법조계 인사나 대학교수들이 적을 두었음을 알 수 있었다.

용문동에 큰 불

12일 하오 6시 15분경 서울 용문동 38번지 대한문교서적 주식회사 용문동 공장에서 불이 일어나 긴급 출동한 소방서원들의 맹렬한 소화 작업에…[5]

가수 김×× 등 2명 대마초 흡연 입건

서울지검 조찬형 검사는 22일 대마초를 흡연한 가수 김××씨 (28.서울 용산구 용문동 38-64) 와… 등 3명을 같은 혐의로 연행, 조사 중이다.[6]

---

5 〈용문동에 큰불〉, 《조선일보》, 1961년 11월 12일자.
6 〈가수 김XX 등 2명 대마초 흡연 입건〉, 《경향신문》, 1976년 1월 22일자.

잘 알려진 대로, 원효로 2가의 현 KT 원효지사는 조선총독부 산하 인쇄 공장이 있던 자리에 들어섰다. 바로 이웃한 용문동 38번지는 일본 육군의 창고 업무 외에도 근처 인쇄 공장의 일부 업무를 나눠 맡은 것으로 추측되는데, 해방 후 해당 번지 내에 대한문교주식회사로 간판을 달리하여 국정교과서를 인쇄한 기록이 있었다. 대한문교는 1961년 화재로 소실되었고, 이후 그 부지가 민간에 택지 분양되어 오늘에 이르렀다. 이곳은 2022년 현재 소액 투자로 재개발 이득을 기대할 수 있는 곳으로 지목되기도 한다. 공장에서 고급 주택지로, 그리고 빌라촌으로, 이어서 재개발 예정지로, 용문동 38번지의 변화는 계속되고 있다.

문배동 공업 클러스터

4호선 삼각지역에서 마포 방향으로 가는 고가를 건너면 주상복합 단지를 만난다. 여기야말로 '세계의 중심, 용산'이라는 용산구의 야심찬 슬로건에 어울리는 곳이 아닐까? 남아 있는 일제강점기 건물들 바로 뒤로 고개를 한껏 젖혀야 볼 수 있는 높은 신식 건물들이 솟아 있다. 비 내리는 밤이면 이 모습은 각종 매체를 통해 익숙하게 접한 사이버펑크 이미지처럼 보인다. 그래서 한국을 방문하는 외국인들의 블로그와 소셜 미디어에 심심치 않게 등장하기도 한다.

용문동과 마찬가지로 대규모 개발이 가능했던 구 용산의 택지는 공업지대, 자세히는 쇠와 관련된 직종들이 모인 클러스터cluster였던 곳으로 확인된다. 일제강점기 때 이름인 경정京町은 문배동으로 바뀌었지만, 주소의 숫자가 그대로라 위치 확인이 비교적 수월하다.

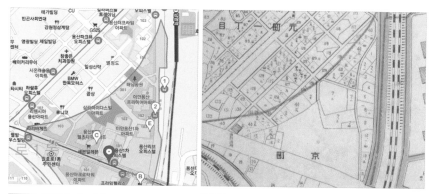

그림 3 문배동 지도 부분 | 출처: 카카오맵 　　**그림 4** 《대경성사진첩》 중 경정(문배동) | 출처: 서울역
　　　　　　　　　　　　　　　　　　　　　　　　　　　　　　　　사박물관

〈그림 3〉 지도의 붉은 부분이 문배동인데, 이 지역에는 2007년쯤 30
여 층의 주상복합 건물이 빼곡히 들어섰다. 1936년 동일 지역에 적을
두고 있는 사업장 중 기록이 있는 곳은 〈그림 4〉와 같다. 경정은 현재
문배동이고 뒤의 숫자는 번지수이다. 일례로 당시에 강흥서 청년은 발
명으로 재산을 모아 이 지역에서 철공소를 개업하여 운영 중(1936)이
었던 듯하다.

포승기 신 발명

시내 남대문 밖 오시정 십사번지에서 마차 제조업을 하는 강흥서(29) 군
은 작년부터 파리 잡는 기구를 만들고자 무한히 연구하던 중 금번에 성
공을 하였다는데 가는 철망으로 네모지게 맨들고 나지막한 발 네 개가
있는바 그 파리를 기구에 놓아둔 곳에 파리가 가만히 앉은 후에 뚜껑을
손으로 급히 누르면 네 발이 별안간 주저앉으며 그 속에 들었던 파리는

그림 5 문배동 주상복합단지 | 사진: 김재민이

그림 6 2022년 개발을 앞둔 문배동에 접한 원효로1가 | 사진: 김재민이

하나도 놓치지 않이하고 모두 다 잡게 되며 손을 떼어 네 발이 다시 자유로 다시 손아서 전 모양이 되어 파리 잡기에 완전무결한 신 발명품이라는데 그는 이것을 실용안 특허용 청원한다 하며 방금 다수 제조하는 중이라더라.[7]

경정(문배동)에 적을 두고 있는 중소 규모의 공장들은 후술할 풍국제분 외에는 연관 업종으로 클러스터가 형성되어 있었다. 해방 후에도 유지되었던 이 클러스터는 70년대 초부터 흩어지기 시작했다.

대통령 동상 제작대로 말썽

…시내 탑동 공원 안에 세운 이 대통령의 동상 제작대를 주지 않는다 하여 … 쌍방이 고소 소동을 일으키고 있다 … 용산구 문배동 4에 사는 박건홍 씨에게 하청을 시켜…[8]

가스 폭발로 사망

15일 새벽 8시 50분쯤 서울 용산구 문배동 11 경성주물제작소 용해로에서 일을 하던 중 가스가 폭발, 영등포구 본동 산9 이석원(34) 씨가 즉사했다.[9]

---

7 〈포승기 신 발명〉, 《조선일보》, 1923년 5월 3일자.
8 〈대통령동상제작대로 말썽〉, 《동아일보》, 1956년 6월 4일자.
9 〈가스 폭발로 사망〉, 《동아일보》, 1962년 11월 5일자.

주물 공장은 당시 사고가 잦은 곳이었고, 서울에서 이전한 뒤에도 사고 뉴스가 간간히 보도되었다. 이들은 왜, 그리고 어디로 떠나간 것일까?

70년대부터 주거권과 충돌하기 시작한 용산 곳곳의 공장들은 서울 외곽으로 이전하기 시작한다. 이 시점부터 용산은 더 이상 서울의 변두리라 할 수 없게 되었다.

그림 7 50년대 문배동 공장에서 제작한 이승만 대통령 동상 | 출처: 네이버 뉴스라이브러리,《동아일보》

공업 분산 시책 적극 추진키로 관계 부처 간 합의

공업의 지방 분산 정책을 수립하기 위해 27일 건설부에서 열린 경제기획원, 상공, 재무, 농림 등 관계 부처의 연석회의는 건설부가 마련한 공업 분산 정책 방안에 대체로 합의하고 이를 적극 추진키로 했다.

박 대통령의 지시에 따라 입안된 이 공업 분산 정책 방안을 보면 공업 분산을 위해…[10]

문배동 일대 주물 공장 등 옮긴 후 아파트 건립, 용산구청 업자들과 연내 매듭 합의

---

10 〈공업 분산 시책 적극 추진키로〉,《경향신문》, 1965년 8월 28일자.

그림 8 《대경성사진첩》 중 경정 지역 공장의 모습들 ㅣ 출처: 국립중앙도서관

❶ 뢰구고무공업소 경정 1

❷ 강흥서 철공소 경정 4

❸ 경성 모터스 경정 4

❹ 석정자동차공장 경정 1

❺ 도전 철공소 경정 7   ❻ 경성주물제작소 경정 11

❼ 동아공업주식회사 경정 11

❽ 고전철공소 경정 12

용산구청은 문배동 7번지 일대에 산재해 있는 주물 공장 등 11개 공해 업소를 연내에 모두 경기도 소사읍으로 이전시킬 예정이다.

24일 알려진 바에 의하면 동진 주물 공장을 비롯, 경성공작소 등 11개 공업소의 이전을 서둘러 오던 용산구청은 해당 공장주들이 최근 소사읍에 공장 부지를 확보한 것을 계기로 연내로 공장을 모두 이전할 것은 물론 ⋯ 공장주들과 완전 합의를 보았다고 한다.

지금 공장이 들어 있는 문배동 7번지 일대의 부지는 1만여 평에 달한다.[11]

2022년 현재, 경기도 소사에 마지막으로 남은 주물 공장(삼양사)의 철거가 결정되면서 소사역 주변은 또 다른 거대 베드타운으로 완성되었고, 편리하고 깨끗한 도시민의 거주지로 변했다. 즐비했던 주물 공장들은 시흥 등지로 이동하였다.

195개 공해 업소 이전 명령, 불응 시에는 전기 · 수도 모두 끊어
서울시, 내년 말까지 시한부로

서울특별시는 중금속을 배출하는 금속 등 10개 업종의 195개 업소를 내년 말 까지 이전토록 명령했다. 서울시의 이 같은 행정명령은 「공해방지법」을 발동한 것인데 이들 195개 업소는 주거지역 내에 소재, 공장 건물의 용도가 부적성하고 공해 요인이 심각하여 민원의 대상이 되

---

11 〈문배동 일대 주물 공장 등 11개 공해업소 소사로〉, 《매일경제》, 1970년 2월 24일자.

고 있는 업체들이다…. 서울시는 공해 업소 중 공장 이전의 행정명령을 이행하지 않은 업소에 대해서는 전기와 수도를 끊고 세제 상의 지원을 박탈하는 행정조치를 취할 계획이다. 이전 명령을 받은 195개 업소의 명단은 다음과 같다….

용산구 삼화연마공업, 창경공업, 용산주물, 동진주물…(등 25개소의 관련 업소)[12]

용산 문배동에 새로 들어선 건물들 사이로 옛 흔적이 남아 있기도 하다. 하천Shimokawa 주조 공장으로 추정되는 건물은 문배동 주상복합단지 가운데 있는데, 굴뚝은 사라져 보이지 않고 분진이나 소음을 일으키지 않는 창고로 사용되는 것으로 추측된다(〈그림 9〉). 문배동에 이웃한 원효로 1가, 속칭 인쇄소 골목 저층 가옥 철거가 2022년 현재 진행되고 있어, 이 건물은 문배동 공업지구의 위용을 증명해 줄 드문 예가 될 것으로 보인다.

마지막으로 문배동의 터줏대감이라 할 만한 구 풍국제분, 현재 모 제과회사 건물은 1921년에 지어졌으며, 기계 설비 부분은 철거되었으나 창고 건물은 현재에도 건재하다. 영화 〈오발탄〉(1960)에서 당시 공장의 모습을 어렴풋하게나마 볼 수 있다. 주민과 공해 문제로 갈등을 빚었던 과거의 기사가 있어 소개한다.

---

12 〈1백95 공해업소 이전명령〉, 《매일경제》, 1976년 9월 28일자.

그림 9 경정 11로에 적을 두고 있는 하천 주조 공장의 1936년 모습(위)과 2021년 현재 문배동 11의 모습(아래) | 출처: 《대경성사진첩》(위), 김재민이(아래)

공장과 인접한 주택가에 사는 1백여 주민들이 공장에서 내뿜는 분진과 기계 소음, 진동, 악취 등에 큰 고통을 겪고 있다.

서울 용산구 문배동 건널목에서 용산구청 쪽으로 1백여 미터 거리에 있는 ××제과공업주식회사 부근에 살고 있는 1백여 주민들은 오래전부터 이 고장의 과자 제조 과정에서 배출되는 찌꺼기가 하수도를 빠져나가면서 풍기는 악취와 밤낮없이 계속되는 소음 때문에 두통과 구토를 일으키는 등 심한 고통을 겪고 있다.

특히 공장 바로 이웃에 사는 김×× 씨(46, 용산구 문배동 33-4) 집의 경우, 공장과 연결된 하수구로 내뿜는 스팀 통이 김 씨의 집 안에 있는 수도 파이프 바로 옆으로 통과하기 때문에 1년 내내 뜨거운 수돗물이 나오고 있어 무더운 여름철에도 찬물을 쓰지 못하고 이웃집 수도 신세를 지고 있는 실정이다….[13]

문배동뿐 아니라 욱천(만초천)에 접한 거의 모든 가구, 그리고 만리재에 거주하는 사람들도 공장의 소음, 분진, 냄새 등으로 심하게 고통받았다는 것을 여러 기사를 통해 알 수 있다. 전재민의 유입, 서울 인구 증가 등으로 다수의 가구는 부득이하게 공업지대에 자리하게 되었다. 이러한 상황은 아래 서술한 돼지농장의 경우와 비슷하다. 도시 변두리에 해당 시설이 들어선 후—도시민 유입—'유해 및 혐오' 시설

---

13 〈공해투성이 제과 공장 용산구 문배동 ××제과〉, 《동아일보》, 1973년 9월 5일자.

후퇴 순으로 진행된다. 문배동에서 이사 간 주물 공장 등의 업소들은 상기한 부천 소사 등지로 자리를 옮겼다. 필자가 80년대에 부천 일부 지역에서 경험한 분진 및 소음의 경험과 더불어, 신문 기사 등을 통해 찾을 수 있는 폭발 사고 등은 용산에서 발발했던 주물공장 폭발의 연장선에 있는 것으로 보인다. 2022년 현재 용문동 지역은 재개발 논의 중이며, 문배동 지역은 공업 단지의 마지막 흔적이 사라질 예정이다.

돼지똥 그리고 아파트

'혁신도시'라는 이름의 새로운 마을. 2022년 현재 대한민국에는 세종시를 제외하고도 부산·대구·전남 나주·울산 중구·강원도 원주 등 열 곳의 혁신도시가 존재한다. 혁신도시로 정부기관이 이전하여 서울 집중 현상이 다소 해소되고 있다는 평가를 받기도 한다.[14] 혁신도시 등에 새로운 대규모 아파트 단지가 들어서게 되면 '보통의' 도시민들은 그동안 존재조차 인지하지 못하고 있던 이웃과 비로소 마주하게 되기도 한다. 그중에서 근간 뉴스를 장식하고 있는 분뇨 냄새 문제, 더 정확하게는 돈사豚舍의 돼지똥 냄새와 아파트의 이야기를 따라가 보았다.

　내가 이 문제에 관심을 가지게 된 것은, 수도권 외곽 지역을 조사

14 　국토연구원, 〈혁신도시 15년의 성과 평가와 미래 발전 전략〉, 《국토정책Brief》 775, 2020.

하다가 맞닥뜨린 시위대의 간절한 외침 때문이었다. 소음만큼이나 매일의 삶에 지장을 주는, 아니 오히려 더 고통을 줄 수도 있는 주거지 주변 분뇨 악취 문제는 지역사회의 큰 이슈이기도 했지만, 도시민의 한 사람으로서 공감 가는 내용이었다. 그런데 관심을 가지고 돼지 농장들을 다니다 보니, 외진 곳에 있던 돼지 농장들이 한센병 환자들이 운영하던 곳이었음을 확인할 수 있었다. 전국에 산재해 있던 한센인 주거지역에서 과거 돼지 농장을 운영하여 '한센병 환자 마을=돼지 농장'이라고 인식되고 있었던 것이다. 이런 돼지 농장이 전국 90여 개 이상 집계될 만큼 골짜기 곳곳, 혹은 한적한 곳에 많이 자리 잡고 있었다. 2021년 현재에는 이 중 다수가 폐업하고 업종을 변경하여 명목을 이어 가고 있었다. 폐업한 축사는 돈사 운영이 허락된 지역으로 이동하기도 하는데, 보도에 따르면 작은 축사가 모여 더 큰 규모로 합쳐 이주하면서 (아파트 단지보다는 적은 수의) 기 거주민들에게 새로 영향을 주고 있다고 한다.[15]

혁신도시 입주민과의 마찰, 「축산법」 등의 영향으로 축사들이 이동하면서 냄새의 '크기'도 대폭 커져 민원이 쇄도하고 있다. 보도된 세종시 인근 외에도 십수 곳의 민원이 기록되었으나, 아파트 입주(예정) 주민만큼 많은 수가 아니다 보니 관심을 가지고 찾지 않으면 알기 어렵다.

---

15 〈세종시 대규모 축사 신축에 주민들 반발〉,《한국일보》, 2018년 1월 22일자.

나주: 호혜원 돼지농장의 후퇴

혁신도시와 돼지 농장 혹은 축사의 갈등은 나주 외에도 전국 각지에서 일어났고, 일어나고 있는 일이다. 먼저 호혜원을 방문해 보았다.

한센인이 운영하는 90여 개의 돼지 농장 중 광주 인근에 위치한 호혜농원과 현애농원은 나주 혁신도시로 인해 상반된 운명에 처하게 되었다. 계속된 갈등과 신도시민의 민원으로 호혜원 돼지 농장은 2015년 폐업하였다. 2021년 방문했을 때에는 이미 한참이 지났지만 폐업한 돈사가 여전히 여기저기 텅 빈 채로 남아 있었으며, 주민들은 다른 일을 하고 있었다. 반면 현애농장 마을은 몇몇이 돼지 농장 안에 개를 키우고 있긴 했으나 여전히 돼지도 키우고 있었다. 현애농장이 존속하게 된 이유를 추측해 보면, 주변에 아직 신도시가 들어서지 않았고 평동산업단지에서 민원을 제기할 가능성이 적기 때문인 듯하다. 돼지 농장과 공단(평동산단)은 계속 함께할 것으로 보인다. (현애원과 가장 가까운 평동3차산업단지까지는 직선거리로 1킬로미터이며, 사이에 고개를 하나 두고 있다.) 그러나 노동강도가 높은 돼지 농장의 특성상 현애농장 역시 외국인노동자 인원 수급 여하에 따라 업종이 변화할 가능성이 있다.

김해 주촌면

필자는 김해에서 살 집을 찾아다니다 주촌신도시까지 방문하게 되었다. 2019년 입주가 시작된 이곳은 2022년 현재까지 냄새로 인한 시위가 진행 중이었다. 아직 입주민 전체가 들어오지 않은 한 아파트 단지

그림 10 호혜원 돼지 농장의 모습(위)과 나주 혁신도시 전경(아래) | 사진: 김재민이

그림 11 김해 주촌신도시 전경 | 사진: 김재민이

에서 걸어서 30분 거리에 있는 돼지 농장들을 찾아가 보았다. 소규모, 대규모 축사를 방문해 냄새를 맡아 볼 계획이었다.

언덕 바로 뒤에 소규모 돈사가 자리 잡고 있고, 거기서 걸어서 40분 정도 떨어진 곳에 기업형 대형 돈사가 있었다. 기업형 돈사에서는 여러 가지 냄새 저감 대책, 이를테면 미생물을 이용한 정화, 분뇨 시설 위에 지붕 설치, 분무를 이용한 냄새 감소 등을 시행하고 있었고 주변 하천에서도 특별한 냄새를 맡기 힘들었다. 여름이 되어 봐야 알겠지만, 규모가 큰 돈사에서는 퇴비 부숙 등 냄새 저감 노력을 시행하고 있음을 확인할 수 있었다. 하지만 이러한 투자를 하기 힘든 소규모 돈사는 미래가 불투명할 것이다. 실제로 소규모 돈사에서 오히려 더 강한 냄새를 내뿜고 있었다.

축산 악취 민원 자료를 보면(〈그림 12〉 참조), 2019년 김해에서 폭발

2014년	
제주 제주시	139
경기 안성시	112
제주 서귀포시	108
경북 경산시	105

2015년	
충남 아산시	404
제주 제주시	246
경기 용인시	186
전북 청읍시	127
경기 양주시	123
세종시	115
경기 안성시	111
경북 경산시	105

2016년	
충남 아산시	1,150
경북 경산시	478
제주 제주시	455
제주 서귀포시	213
경기 포천시	210
경기 양주시	199
경기 용인시	178
경기 이천시	171
경기 안성시	131
충남 천안시	123
충남 공주시	112
충북 청주시	110
경기 평택시	108

2017년	
제주 제주시	491
충남 아산시	400
경북 경산시	361
제주 서귀포시	290
경기 안성시	250
충남 천안시	234
경기 양주시	184
충남 홍성군	169
대구 동구	136
경기 이천시	131
충남 당진시	129
인천 강화군	127
충북 충주시	127
경기 양평군	112
경기 포천시	100
경기 남양주시	100

2018년	
충남 아산시	573
제주 서귀포시	475
경남 김해시	337
경기 안성시	310
충남 홍성군	258
경북 경산시	230
충남 천안시	226
경기 용인시	179
제주 제주시	165
경기 고양시	159
강원 철원군	152
경기 양주시	149
경기 김포시	143
전북 정읍시	133
전남 함평군	129
전북 익산시	128
충남 공주시	112
경기 평택시	110
경기 이천시	107
경기 포천시	104

2019년	
경남 김해시	4574
제주 제주시	951
제주 서귀포시	655
충남 아산시	448
경기 김포시	385
전북 남원시	372
경기 용인시	354
전남 나주시	298
충남 천안시	293
충남 홍성군	223
충남 논산시	191
경기 화성시	174
경북 군위군	163
경북 경산시	157
경북 경주시	153
경기 고양시	143
전남 김제시	142
전남 함평군	130
경기 포천시	122
경남 합천군	120
강원 철원군	117
충남 고성군	108
강원 원주시	107
경기 이천시	104

그림 12 연간 축산 악취 민원이 100건이 넘은 시군구 | 출처:《오마이뉴스》, '그 정보가 알고 싶다', 정보공개센터 제공

적으로 민원이 늘어난 것을 볼 수 있는데, 이는 주촌신도시 입주 예정 자들의 집단 민원 때문으로 추정된다. 반면, 2015년부터 꾸준했던 경기 양주시의 민원이 2019년 사라진 것은 옥정신도시 앞 돼지 농장이 철수하여 문제가 해결되었기 때문으로 보인다. 그래서 직접 옥정신도시를 찾아가 보았다.

양주 옥정신도시

양주시 옥정신도시 모 아파트 단지 50미터 앞에 자리 잡은 축사는 아파트 주민들이 입주하기 직전인 2019년 폐업을 결정하였다. 2021년에 방문한 축사는 토지 정화 중인 것으로 보였다. 난항을 겪던 보상 문제가 해결되면서 축사 이전이 결정되어 입주민들은 쾌적한 환경을 보장받게 되었다. 그러나 지역 뉴스에도 보도되었듯, 정체불명의 타

그림 14 옥정신도시 앞 축사 자리 | 사진:김재민이

는 듯한 냄새를 2021년 겨울 아침에도 맡을 수 있었다.

폐업하는 소규모 축사들은 「축산법」이 허가하는 특정 지역으로 모이게 된다. 농림축산부의 2021년 1분기 보도자료에 의하면, 축산 악취 민원은 1,438건으로 전년 동기 대비 11.2퍼센트 감소하였다. 그 원인으로 퇴비 부숙도 기준 준수 등 농가의 악취 저감 노력이 주요했다고 보고 있으며, 농장 폐사와 이전을 원인으로 꼽지는 않았다. 냄새가 나지 않도록 하기 위해 도시민이 소비하는 돼지·닭을 모조리 외국에서 수입할 수는 없으므로, 해법은 발전하는 혁신 농법과 자발적 냄새 저감 노력, 그리고 행정 당국의 지속적 계도에 달려 있겠다. 다만이 글에서 주목하고 싶은 부분은 도시민의 요구에 의해 끊임없이 움직여야 하는 축산업종, 그리고 그 종사자들이다. 2022년 6월 발표된 농림축산식품부의 보도자료를 보자.

「축산법」에 따라 축산업 허가·등록자가 갖춰야 하는 「축산업의 허가 및 등록 요건(축산법 시행령)」을 강화하였다.

1. 축산업 중 악취 민원의 대다수를 차지하는 돼지 사육농장에서 발생하는 악취를 줄이기 위하여 돼지 사육시설은 악취 물질이 주변 지역으로 확산되지 않도록 자연환기 또는 개폐형 벽이 아닌 밀폐형 구조로 설치하도록 하였으며, 이는 신규로 축산업 허가를 받으려는 자에게만 적용된다.

   또한 돼지를 사육하는 농장에는 액비순환시스템(부숙된 액비와 분뇨를 섞어서 악취 물질 발생을 줄이는 방식)을 갖추거나 흡수·흡착·분해 등의 방법으로 악취 물질의 발생을 줄이는 안개분무시설·바이오필터 등의 장비·시설을 갖추도록 하였으며, 이는 기존 축산업 허가·등록자 외에 신규로 허가를 받거나 등록하려는 자에게도 적용된다.

2. 가축을 기르는 과정에서 발생하는 악취를 저감하고 가축분뇨를 적정하게 처리하기 위해 「축산업 허가자·등록자 준수사항(축산법 시행규칙)」을 강화하였으며, 이는 올해 6월 16일부터 시행된다. 돼지 농가가 농장 내에 설치되어 있는 임시분뇨보관시설(PIT)에 분뇨를 장기간 보관할 경우, 분뇨가 부패되어 농장에서 악취가 발생하고 가축의 생산성 향상에도 악영향을 미치고 있다. 이에 따라 돼지 농장의 악취를 줄이기 위해 사육시설의 임시 분뇨보관시설에 적체된 분뇨 높이는 80센티미터를 초과하지 않도록하였으며, 연 1회 이상 임시

분뇨보관시설의 내부를 완전히 비우고 청소를 하도록 하였다.[16]

    소규모 축산 농가 등은 고강도의 업무 강도, 냄새 민원, 그리고 까다로운 시설 개선 요건 등으로 인해, 옥정신도시 앞 축사의 경우처럼 제반 환경 변화에 따라 폐업 수순을 밟을 가능성이 클 것으로 보인다. 〈그림 14〉는 한센인 운영 농장의 위치를 지도상에 표기하고, 거리뷰 보기와 직접 방문을 통해 현재 폐업한 농장과 운영되고 있는 농장을 표기해 본 것이다. 남아 있는 농장들이 공장 혹은 공단과 나란히 하고 있는 경우를 특히 경북과 경남 지역에서 다수 볼 수 있다.

    사람도 그렇지만, 곁에 있던 어떤 존재들은 떠난 뒤에야 생각이 난다. 나와 거리가 생겼을 때 비로소 내 옆에 있던 무엇이 어떤 의미였는지 생각해 보게 된다. 바꾸어 말하면, 가까이 있을 때는 오히려 그 가치와 의미를 도통 알기가 어렵다. 냄새, 소음, 분진을 일으키는 이웃이라면 두말할 나위가 없다. 가깝게는 옆집에서 나는 불쾌한 냄새와 소음, 멀게는 이웃 나라에서 불어오는 미세먼지를 대입해 보면 결코 간단한 문제가 아님을 알 수 있다. 법에 밝은 변호사 역시 층간 소음을 견디다 못해 해법으로 이사를 선택했다는 이야기가 화제가 되었듯이,[17] 근본적인 해법은 누군가가 움직여야 시작된다.

---

16 《농림축산식품부 축산정책국 축산정책과 보도자료》, 2022년 6월 15일, 〈가축 질병 예방 및 축산 악취 저감을 위해 축산업 허가·등록 요건 강화〉.
17 〈"층간소음 1년 지나면 살인 충동" 전문 변호사도 이사 갔다〉, 《중앙일보》, 2021년 1월 25일자.

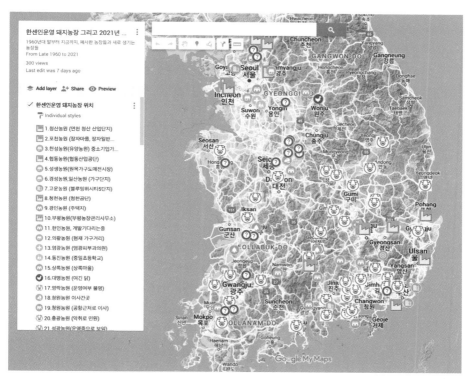

그림 14 한센인 운영 농장 리스트 국가법령정보센터 한센인 농장 목록(https://www.law.go.kr)
에 근거한 한센인 운영 농장의 현황 지도 표시 | 출처: 김재민이(https://www.google.com/
maps/d/u/0/edit?mid=13S-c33FN9Ghgd_qaMQEzwAmXFBTRfohJ&usp=sharing)

　간략하게나마 100여 년 전부터 50여 년간 공단 지역이었던 구 용
산, 그중 현재 모습의 변화를 알 수 있는 두 장소를 걸어 보았다. 그리
고 전국에 산재해 있던 돼지 농장들을 살펴보면서 1960년대 한센인
자활촌을 중심으로 하여 주거지와 닿은 쪽부터 서서히 후퇴하거나
사라지는 현황, 그리고 기업형으로 진화하면서 공단/산단과 가까운
곳에서 사이 좋게 붙어서 혹은 축사 간에 밀집도를 높여 가며 생업을

이어 가고 있는 모습 또한 따라가 보았다.

국가의 명령에 의해, 혹은 더 크고 강한 공동체의 삶을 위해 후퇴를 거듭하는 '혐오시설'들, 그리고 생업을 따라 움직여야 하는 개개인과 후퇴한 산업을 따라가기보다 살던 곳에 계속 남아 일상을 이어 가는 틈새의 주거에 주목한다. '자신의 움직임을 선택할 권리, 머무를 권리' 또한 모빌리티 정의Justice라고 할 때, 도시민들이 살갗으로 느끼는 실질적이고 직접적인 감각의 자극 여부, 이를테면 냄새와 소리의 호오好惡는 모빌리티의 운명을 결정 짓는 중요한 요소이다. 무균질 도시를 구축하려 하면 소비재의 생산자와 공급자는 도시 공간에서 함께할 수 없다. 그리고 '유해 시설' 및 해당 산업 종사자의 주거지와 도시민 사이에는 냄새의 경계가 그려지게 된다. 계속된 도시의 확장과 산업구조의 변화로 경계선이 바깥으로 조금씩 확장되어 '유해 시설'이 떠나가거나 쫓겨나게 되면, 비로소 우리가 껄끄러워하던 이웃의 모습이 어렴풋이 보이기 시작한다.

참고문헌

국토연구원, 〈혁신도시 15년의 성과 평가와 미래 발전 전략〉, 《국토정책Brief》 775, 2020.

미미 셸러, 《모빌리티 정의》, 최영석 옮김, 앨피, 2019.

벤 윌슨, 《메트로폴리스》, 박수철 옮김, 매일경제신문사, 2021.

서현주, 〈경성지역의 민족별 거주지 분리의 추이〉, 《국사관논총》 94, 국사편찬위원회, 2000, 223~259쪽.

이대근, 《귀속재산연구》, 이숲, 2015.

이연식, 《조선을 떠나며》, 역사비평사, 2021.

〈1백95 공해업소 이전명령〉, 《매일경제》, 1976년 9월 28일자.

〈가축 질병 예방 및 축산 악취 저감을 위해 축산업 허가 · 등록 요건 강화〉, 《농림축산식품부 축산정책국 축산정책과 보도자료》, 2022년 6월 15일.

〈가수 김XX 등 2명 대마초 흡연 입건〉, 《경향신문》, 1976년 1월 22일자.

〈가스 폭발로 사망〉, 《동아일보》, 1962년 11월 5일자.

〈경성의 공업분포현황개요〉, 《조선일보》, 1934년 11월 2일자.

〈공업 분산 시책 적극 추진키로〉, 《경향신문》, 1965년 8월 28일자.

〈공해투성이 제과 공장 용산구 문배동 XX제과〉, 《동아일보》, 1973년 9월 5일자.

〈대통령동상제작대로 말썽〉, 《동아일보》, 1956년 6월 4일자.

〈문배동 일대 주물 공장 등 11개 공해업소 소사로〉, 《매일경제》, 1970년 2월 24일자.

〈방북 신청 새벽부터 장사진〉, 《경향신문》, 1990년 8월 4일자.

〈세종시 대규모 축사 신축에 주민들 반발〉, 《한국일보》, 2018년 1월 22일자.

〈용문동에 큰불〉, 《조선일보》, 1961년 11월 12일자.

〈포승기 신 발명〉, 《조선일보》, 1923년 5월 3일자.

〈"층간소음 1년 지나면 살인 충동" 전문 변호사도 이사 갔다〉, 《중앙일보》, 2021년 1월 25일자.

투 유: 당신의 방향

모빌리티 권리와 공동체 윤리

2022년 12월 30일 초판 1쇄 발행

기　획 | 아르코미술관 · 건국대학교 모빌리티인문학연구원
지은이 | 김미정 · 김현경 · 안진국 · 박이선 · 김재민이
펴낸이 | 노경인 · 김주영

펴낸곳 | 도서출판 앨피
출판등록 | 2004년 11월 23일 제2011-000087호
주소 | 우-)07275 서울시 영등포구 영등포로 5길 19(37-1 동아프라임밸리) 1202-1호
전화 | 02-336-2776　팩스 | 0505-115-0525
전자우편 | lpbook12@naver.com
블로그 | blog.naver.com/lpbook12

ISBN 979-11-92647-04-3